桃樂絲嬉遊記修訂版

玩轉科普腦

科學實驗 ╳ 闖關遊戲 ╳ 陶藝創作
探索體驗**28**招，培養**STEAM**未來力

教育博士 **賴羿蓉**◎總策畫

教學現場教師 **李俊蘭、黃柏瑜、鄭佳珍**◎合著

U0015709

新手父母

引起動機，
孩子自然學得快、學得好

隨著「專注力」越來越被重視，爸爸媽媽開始會花時間跟孩子講故事，但是孩子聽完故事後呢？又如何讓孩子把聽故事時的「專注」轉移到學習上呢？「動機」才是讓孩子專注的關鍵，當孩子已有興趣時，自然而然會投入學習之中，這本書就是幫助父母如何讓孩子能夠主動參與故事！

沒想到「綠野仙蹤」這個故事裡包含著那麼多的遊戲，可以引導孩子接觸陶土的創作，培養專注與創造力，不僅精細動作訓練到了，連視覺空間感也建立了，這可以幫助孩子觀察力的提升！

經由故事中的精采旅程，可以讓孩子願意參與闖關遊戲，而遊戲本身就是很好的感覺統合活動，因為孩子會喜歡玩，所以才能夠真正地「統合」！一般的感覺統合活動總是單調地盪鞦韆、走平衡木、跳躍等，但是將故事因子加入，孩子不再覺得無聊，甚至遇到挫折時更願意繼續挑戰，這可以幫助孩子提升自信與勇氣！

學習或是進行科學實驗時，常遇到的問題是孩子不知為何而學、為何而做，因此學習成就大打折扣。但藉由故事的引導，孩子期待參與故事中的情境，將會更願意參與實作，讓孩

子的知識不再只是從「聽」來學習，而是自己實地操作後所獲得的，這樣的知識才會成為孩子「帶得走的能力」，幫助孩子建立正向思考與問題解決能力！

　　當孩子玩過陶土、闖過關卡、做完實驗，不僅能力提升了，對故事情節將會記得更牢固，誰說熟悉故事的方法是一直聽呢？我們可以一邊玩一邊認識故事呢！真是「好好玩」的一本書！

兒童職能治療師　張旭鎧

給孩子最棒的三樣禮物

關於孩子的成長，說再多的理論都比不上一次真正的遊戲。

孩子的玩，是透過「視、聽、嗅、味、觸、前庭、本體」等等管道接收環境裏的各種訊息。經過觀察、感受、區辨，慢慢的學會靈活的把身體的各種學習能力運用出來，進而從遊戲的過程中得到樂趣，他自然就越來越喜歡學習。

但是究竟要讓孩子玩什麼？怎麼玩？

從事幼兒發展教育這麼多年，家長所提的問題不外乎：爸爸媽媽不是藝術家該如何啟發孩子的創造力？那些活動適合家長平常在家就能陪孩子練習，提升孩子身體協調的能力？如何從小培養孩子對科學的興趣與清晰的邏輯思考能力？

坊間的參考書籍學派眾多，可惜的是大多著眼於「解決孩子的障礙」，讓家長不免疑惑：是「有問題的孩子」才需要做這些「治療活動」嗎？事實上，正常的孩子才最需要提供均衡的發展活動。在孩子的身體還沒有準備好之前，過早強調大量的認知教學，對孩子未來的學習非但沒有助益，反而徒增孩子的挫折，澆熄了孩子對學習的熱情。

很開心看到優秀的兒童發展師編寫出這本精彩的書。不在

絲嬉遊記》。不在理論上大做文章嚇唬家長，而是真正從「發展」的角度來與家長分享引導孩子的方法，親自動手才能體會其中的樂趣。

　　給孩子買再多再昂貴的禮物，都未必能讓孩子愛上學習。而讓孩子透過雙手，用心感受與創作，在遊戲中培養挑戰困難的勇氣，學習運用智慧解決問題，孩子就會一輩子愛上學習。

　　「心、勇氣與智慧」才是我們能給孩子最棒的三樣禮物。

中華兒童發展教育公益協進會理事　許翠端

從遊戲中學習

　　玩遊戲是孩子最重要的工作。兒童在心情愉快、精神放鬆，而且有適度刺激的情況下，學習效果是最好的。兒童在遊戲時，可以培養溝通互動的能力、與人合作的能力，並且可以發展領袖氣質；而當兒童單獨玩耍時，可以培養自主行動的能力、語言能力，讓孩子更有自信和創造力。雖然，從遊戲中學習，並不會有預期的效果。但也因此，它的效果常常超越我們的想像之外。

　　全球化教育的時代來臨，現代家長教養子女，除了擔心子女的學習與成長問題之外，更擔心孩子是否能面對世界各國同齡兒童的挑戰。每個家長為了讓孩子贏在起跑點，常常為孩子安排才藝、電腦、美語等智育學習的內容，但是這樣的學習，通常只是「見樹不見林」，忽略了其他情緒、社會、身體等層面的發展；孩子的學習是個漫長的歷程且影響深遠，幫助孩子開創成功的人生，在每個階段處在領先階段，才是父母們最深遠的期待。因此，幼教專家建議，父母應該幫學前幼兒搭建五大支柱：一、體適能的奠基；二、同儕相處技巧；三、責任感的關鍵養成；四、良好的自我概念；五、手足關係的經營。

　　《桃樂絲嬉遊記》一書，以童話故事情境，設計一系列遊

戲學習活動，可以讓家長在家輕鬆地跟孩子玩耍，透過親子遊戲的過程，幫助孩子發展重要的能力。陶土捏塑，可以幫助孩子發展觸覺、訓練小肌肉、提昇注意力、開發創造力；除此之外，透過捏陶，還可以認識色彩、形狀，學習數學的點、線、面、體等等，更重要是孩子沉浸創作的過程中，還可以讓他們的情緒更加穩定。身體遊戲可以訓練孩子的平衡感、敏捷度和協調性，幫助孩子發展大肌肉，還可以提昇他們的抗壓性。科學實驗，讓孩子透過觀察、操作的過程，感受各種自然現象的奧妙，訓練孩子邏輯思考的能力，培養積極研究的態度。

　　過去，台灣農業時代的孩子，雖然沒有先進的科技、豐富的物質資源；但也不用成天補習，可以自在地戶外玩耍：玩泥巴、抓蟋蟀、在田間追逐、在河塘抓魚，享受現代兒童參加夏令營才能體驗的生活。這些快樂的童年記憶，是他們成長重要的歷程，也是幫助他們成熟發展的重要因素。雖然，過去和現在的環境大不相同，但藉由本書的陶藝創作、身體遊戲和科學實驗，可以讓家長和孩子一起打造快樂溫馨的童年生活，幫助家長培育「全人發展」的兒童。

嘉義市宣信國小校長　趙季薇

和孩子一起來趟
驚奇與感動之旅

　　當我第一次打開《桃樂絲嬉遊記》的原稿時非常感動，因為它滿載了作者無限的創意，更有種如獲知音的感覺，為何會這樣說呢？猶記得當初我將「專注力遊戲在家輕鬆玩」一書的原稿交給總編時，總編驚訝的說：「你這原稿的內容太豐富了吧！應該可以分三本來出版，都放在同一本書太可惜了！」，儘管如此，但我還是堅持要把最完整的內容呈現給讀者，因為我想讓讀者充滿一翻開書就會「哇！」一聲的驚奇感與感動。《桃樂絲嬉遊記》也是如此，竟包含了三個不同面向的遊戲。

　　第一單元「桃裡陶器」可以促進孩子的「上肢功能」，藉由捏陶的過程中提升手部動作的靈活度，並促進手部的肌肉力量；第二單元「樂在其中」精心設計的「大肢體動作」的活動，可以促進孩子的感覺統合發展；第三單元「絲如湧泉」利用科學玩具的設計與製作，可以激發孩子的創造力，促進「大腦認知」的發展。這三項正好是孩子發展的三大指標，融合了這三大主題的遊戲，讓孩子能均衡發展，達到「全人」教育。

　　我由衷的向學校老師、家長和治療師推薦這本充滿創意與驚奇的書，並期待本書能激發孩子的潛力並開啟無限可能。

「專注力遊戲在家輕鬆玩1、2」作者
彰化縣職能治療師公會理事長　　陳宜男

給孩子面對未來的寶物

「聰明的頭腦＋溫暖的一顆心＋滿滿的勇氣」不正是孩子面對未來的世界所需要的法寶嗎？

本書巧妙的利用了童話故事「綠野仙蹤」的角色人物及故事情節，串聯了三種對幼兒發展有益的活動——陶藝美學探索、肢體動作探索、科學遊戲探索，這是一本從幼教專業角度為幼童規劃的遊戲書，充滿想像與創意的活動設計，當學習變得有趣時，學習效果必定會更好！！

光祐出版社執行長 陳素月

總策畫序

　　相信大家對於「綠野仙蹤」這個故事一定耳熟能詳，故事中的主人翁「桃樂絲」為了回家，遇到了一連串的挑戰，旅程中結交了許多好朋友，也幫助了很多人。故事中，陪伴桃樂絲一起探險的三個重要的朋友，包括想擁有一顆心的錫樵夫、想要獲得勇氣的膽小獅子、以及想要變聰明的草包稻草人。這三位好朋友和桃樂絲一樣，想要拜託奧茲大王實現他們的願望，所以結伴同行一起經歷了一連串的冒險。然而，在這一趟冒險的旅途中，我們很快便發現，原來錫樵夫早就擁有一顆溫暖善良的心；膽小的獅子為了保護同伴，確實展現莫大的勇氣；而稻草人為了幫助大家度過難關，也想出了很多好點子；連想回家的桃樂絲，也早就擁有可以帶她回家的魔法靴子。

　　您注意到了嗎？在這個故事中，主角們都只看到自己所缺乏的，沒有看到自己所真實擁有的，總要藉由一次又一次的考驗，透過別人的肯定，才看到自己早就擁有的特質與優點。孩子的成長不也是如此嗎？您看到孩子具備的特質與優點嗎？您看到孩子的困擾嗎？您看到孩子的沒有自信嗎？您看到孩子需

要被肯定嗎？常聽到家長抱怨小孩不專心，總是分心、好動、甚至愛鬧脾氣，您知道他可能有感覺不統合的問題嗎？當您在擔心孩子不夠聰明、沒有問題解決能力與挫折忍受力時，您知道他可能沒有獲得遊戲思考的機會？他可能只是無法明確的表達自己的想法而已嗎？當您在擔心孩子未來的競爭力，為孩子安排一個又一個才藝課程的同時，您知道只要給孩子時間、給他想像的空間與探索的機會，一個個創意點子就會浮現，他們也將從中慢慢發掘自己的興趣。

您知道您的孩子也和綠野仙蹤的四位主角一樣，透過一次又一次的摸索探險，尋找自己、了解自己、肯定自己？您是否知道該如何製造學習成長的機會？您是否知道該給孩子如何的支持與鼓勵？這本書就是在這個動機之下誕生的。我們將累積了多年的實務教學經驗，整理設計出「桃裡陶器—陶藝想像創作」、「樂在其中—感覺統合探險」、「絲如湧泉—科學思考遊戲」三個系列的遊戲活動，陪伴您與孩子在「桃裡陶器」的陶藝想像創作中，看到孩子的無限創意，讓孩子捏塑出自己的興趣與夢想；在「樂在其中」的感覺統合探險活動中，讓孩子透過動作建立自信，提升孩子的學習專注力、在「絲如湧泉」

的科學思考遊戲中，讓孩子體驗有趣的科學現象，嘗試自己解決各種實驗過程中可能遇到的難題，培養孩子的問題解決能力與挫折忍受力。

　　透過本書的遊戲活動，您將更明白孩子的特質與優點，更清楚孩子真正的需要。您將發現，陪伴孩子成長其實並不困難，本書將讓您與孩子在好玩的遊戲活動中，輕輕鬆鬆玩出競爭力！！

吳鳳科技大學幼兒保育系副教授　賴羿蓉

作者群的悄悄話

李俊蘭（蘭山創藝工坊執行長）•••••••••••••••••••••••

尊重孩子的學習節奏，聆聽孩子的想法
啟發孩子的好奇心，蹲下來用孩子的眼光看世界
陪伴孩子一起探索新知、探索未來
讓我們一起看到孩子的無限創意與無限可能

•••••••••••••••••• 黃柏瑜（東吳高職附設幼兒園教學組長）

期待自己能擁有無遠弗屆的創意
期待自己能擁有超人不滅的精力
期待自己能走萬里路更甚萬卷書
期待自己能當所有孩子的魔法師
期待每個孩子都能快樂追尋所愛
期待每個孩子都能努力實踐夢想
記得當初不悔的青春

鄭佳珍（東吳高職附設幼兒園活動組長）••••••••••••••••

喜歡看到孩子的笑容，活潑可愛就像是小天使
尊重每個孩子的差異，放對位置各個都是天才

桃樂絲嬉遊記

給家長的一段話

　　親愛的爸爸媽媽，您一定對「綠野仙蹤」的故事不陌生吧！故事主角桃樂絲是一位心思單純善良的小女孩，她樂於和不一樣的人做朋友、接納各種從來沒有經歷過的人事物、能夠欣賞多元文化的特色與優點。在故事中，她更是積極面對問題、主動踏上解決問題的旅程，憑著她的樂觀與堅持，幫助了旅程中遇到的三位好朋友（稻草人、錫樵夫與獅子）達成心願，更打敗了二位讓人民受苦的壞女巫。故事內容高潮迭起，充滿驚奇與歡樂，似乎在告訴孩子，在這美麗多變的世界中，只要具備智慧、愛心、勇氣與毅力，就可以完成心願，達到自己所期待的結果。

　　您希望孩子擁有一顆溫暖的心，帶著十足的勇氣與聰明的頭腦探索未來嗎？您是否也思索著如何讓孩子同時能「快樂學習」，也能「提升競爭力」的方法呢？快樂學習與競爭力原本就是相輔相成的，發現孩子的需求、傾聽孩子的想法、解決孩子的問題，幫助孩子克服困難與恐懼，建立自信心與成就感，當孩子感受到學習的樂趣，願意主動付出努力時，所見所學自然就有效率，各項關鍵競爭力（思考力、品格力與行動力）也將在無形中不斷累積。

給小朋友的一段話

　　一場突如其來的龍捲風，將女孩桃樂絲和小狗托托吹到一個完全陌生的國度。桃樂絲為了回家，接受善良女巫的指示，前往翡翠城堡尋求奧茲大王的協助。旅途中，她遇到了想要獲得大腦的稻草人、想要獲得心臟的錫樵夫、以及想要獲得勇氣的膽小獅子，他們都希望與桃樂絲同行，一起請奧茲大王幫忙完成心願。在這趟驚險的旅程中，稻草人用了許多聰明的方法解決了問題、好心的錫樵夫溫柔善良的對待遇到的各種人事物、而獅子更是勇敢的面對困境迎戰怪獸。最後，奧茲大王也實現他的承諾，幫稻草人裝上了聰明的頭腦、幫錫樵夫裝入了溫暖的心、更讓獅子喝下了滿滿的勇氣；而桃樂絲也因為這份堅持回家的毅力，受到眾多好朋友與善良女巫的幫忙，順利回到自己的家鄉。

　　親愛的小朋友，聽完故事後，讓我們仔細想一想，稻草人真的像他自己想的那麼愚蠢、沒有大腦嗎？錫樵夫真的那麼冷冰冰、不懂得如何愛人嗎？膽小的獅子真的非常膽小、不被森林裡的動物們尊重嗎？他們真的需要奧茲大王的幫助，才能擁有聰明的頭腦、溫暖的心以及充足的勇氣嗎？故事中的桃樂絲用無比的毅力，堅持克服每一個困難、解決每一個問題，幫助她的好朋友們完成自己的心願。

　　如果你是桃樂絲，你是否能也帶著這些好朋友們，接受一次又一次的挑戰、克服一次又一次的困難，為了達到目標，堅持解決一個又一個問題呢？

　　在這本書裡面，我們將在第一篇「桃裡陶器」中，和錫樵夫一起用陶土創作，幫助錫樵夫從陶土創作中看到自己的心；在第二篇「樂在其中」裡，陪著膽小的獅子通過一關又一關的勇氣挑戰，幫獅子找到自己的勇氣；在第三篇「絲如湧泉」中，看看稻草人如何用他聰明的頭腦解決一個又一個科學問題。親愛的小朋友，你也要像純真善良的桃樂絲一樣，帶著無比的毅力，陪伴這群好朋友，堅持到最後一秒鐘，幫助他們完成自己的心願唷！

1 『桃』裡陶器

～用陶土創作，幫助冷漠的錫樵夫重燃熱情之心

滿足孩子的好奇與想像

第一篇「桃裡陶器」，錫樵夫將帶領孩子藉由陶土的創作，體驗玩泥巴的樂趣，將心中的創意與美感展現在作品上，內容包括手捏成型、泥條成型、泥板成型、拉胚成型與綜合成型各種捏塑的技巧。您可以陪伴孩子一起討論「綠野仙蹤」裡的各種角色或場景，將自己的想像與創意呈現在陶土作品中，藉此過程，滿足孩子的好奇與想像，培養孩子對美的鑑賞力，更可在創作的過程中，思考創作角色傳達的特質、心情與行為等等。本篇的活動，除了讓孩子學習「用心感受」、「用心體驗」、「用心創作」與「用心鑑賞」之外，還可促進孩子的觸覺感受與精細動作的協調性，更能在創作過程中促進孩子的專注力與持續力。

親子動手做

創作示範1：河裡的大嘴魚
（應用技巧：手捏成型）

 創作步驟重點提示

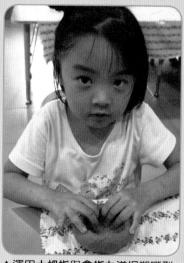

▲運用**大拇指**與**食指**力道捏塑嘴型

▲控制**雙手**動作前後揉搓長泥條

▲用**食指**下壓拉出腹鰭與尾巴

▲用**竹籤**輕壓出嘴唇的紋路

步驟一 先製作大嘴魚的各個部分

1 用**雙手**拍出圓球體。

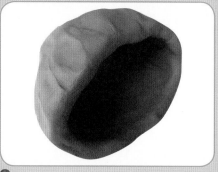

2 再用**大拇指**與**食指**配合，於球體中間壓出圓洞。

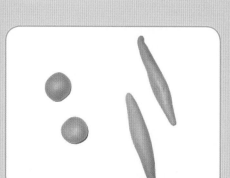

3 用**手掌**搓出小泥球（魚眼睛）與小泥條（魚眼白）。

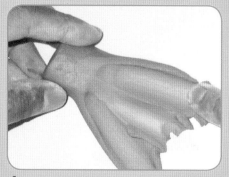

4 用**食指**下壓拉出腹鰭與尾巴。

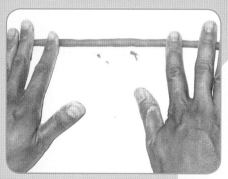

5 **雙手**前後移動搓出長條形的泥條，以作為大嘴魚的嘴唇

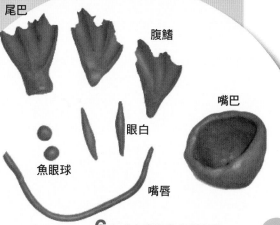

尾巴

腹鰭

眼白

嘴巴

魚眼球

嘴唇

6 完成大嘴魚的各個部位！

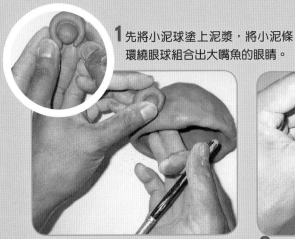

1 先將小泥球塗上泥漿，將小泥條環繞眼球組合出大嘴魚的眼睛。

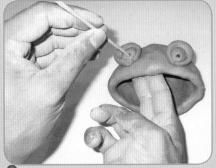

2 在眼睛的位置塗上泥漿，將二顆眼睛黏在合適位置，並用竹籤戳出瞳孔。

3 用泥漿將腹鰭與尾巴確實黏貼壓好。

4 在嘴巴口緣塗上泥漿，再將長條形的泥條黏貼在口緣上。

作品完成

稍稍調整大嘴魚的嘴型，可愛的大嘴魚就完成囉！

好作品一點訣

①捏塑過程中，若魚的嘴巴無法順利撐開，可教孩子塞入報紙支撐。

②魚的眼睛、魚鰭、魚尾巴等部分，務必以泥漿確實接合。

跟著錫樵夫賞析作品

▲小狗托托：捏出成柱狀體，組合出動物身型。

▼雙人對杯：手捏成型，組合出創意實用的對杯。

▼手捏陶碗：用泥板壓出碗型，底部再接上圈足就成了可愛又實用的小碗。

▲香皂小床：利用花瓣墊高底部，這樣香皂就不會泡到水了！

▼香皂小床：香皂盒內墊高，並多加一層戳洞的泥板，讓水可流到下層。

▼河裡的大鱷魚：鱷魚的身體記得從下戳幾個洞，以免燒成時爆裂。

創作示範2：女巫的香精燈
（應用技巧：泥條與泥版成型）

 創作步驟重點提示

▲搓長泥條，捲出喜歡的形狀。

▲塗上泥漿，組合香精燈配件。

▲黏上長泥條，整理燈壁。

▲黏上香精油盤，做形狀調整。

跟著錫樵夫用心創作

步驟一 先製作香精燈的各個部分

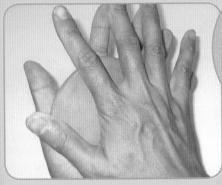

1用**手掌**拍出圓板底座。

2另外再用雙手**大拇指與外側四指**捏出香
精油盤。

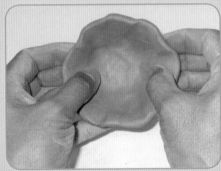

兩長條對捲

三角形螺旋

圓形螺旋

3將陶土搓成長條形狀，分別捏塑
出圓形螺旋、三角形螺旋、長條
型等各種形狀備用。

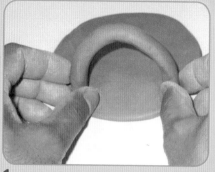

1 先在圓板底座上黏上香精燈的門，即未來置入蠟燭的入口。

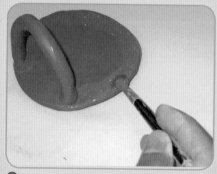

2 在圓板底座周圍塗上泥漿。

3 逐一將螺旋泥條黏在底座周圍，製作香精燈的燈壁。

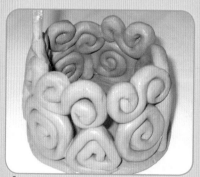

4 在燈壁的最上緣塗上泥漿。

5 黏上長泥條。

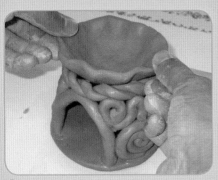

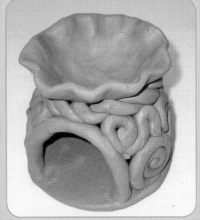

6 最後，黏上波浪型的香精油盤。

7 香精燈組合完成！

作品完成
在燈油盤中自由創作一隻小蜻蜓，
看起來是不是更活潑可愛呢！

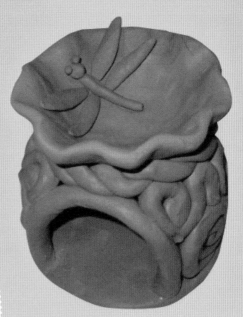

🤖 **好作品一點訣**

① 蠟燭置入須大於鋁殼蠟燭尺寸。
② 精油燈底座與精油盤底部距離約
　十公分。
③ 各部分接合時，接合處須確實塗
　抹泥漿，以確保接合處的穩固。
④ 可先練習長泥條搓揉技巧，學習
　控制手掌搓揉力道均勻。

跟著錫樵夫賞析作品

▲桃樂絲的野餐籃：製作時可利用報紙支撐
提把。

▲壞女巫的銀靴子：腳掌部分可
塞入報紙作為支撐。

◀泥條花器：如果要裝水記得
要將泥條間的所有小縫隙補
滿陶土喔！

◀夜間的燭臺：泥條間的縫隙要平均
分散才能射出美美的燭光喔！

創作示範3：翡翠城堡的馬克杯
（應用技巧：拉胚成型）

創作步驟重點提示

▲用雙手抱住陶土，並將陶土固定於中心

▲大拇指往下壓後，往外拉開

▲雙手內外力道平均慢慢拉出杯身

▲雙手合抱塑出杯型

跟著錫樵夫用心創作

步驟一 拉胚基本動作

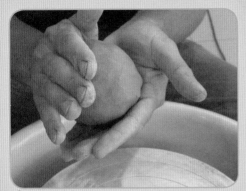

1 用雙手先將陶土拍打成球形。

2 將陶放於拉胚機中間位置，並拍成圓錐形狀，接著啟動拉胚機，讓拉胚機以逆時針方向旋轉。

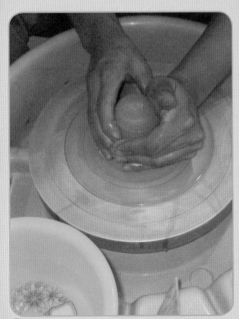

3 雙手沾水，接著用雙手環抱陶土，左手推右手分別向中心點施力。

4 先將陶土往上拉高，再將陶土往下壓低，確定陶土已固定在轉盤中心位置。

步驟二 啟動拉胚機，開始製作馬克杯的杯身

1 雙手大拇指輕輕往下壓，另外四隻手指則輕輕環抱杯身，大拇指一邊慢慢往下壓，一邊輕輕往外撥。

2 一隻手在杯內，一隻手在杯外，雙手均勻施力，將杯壁輕輕往上拉。

3 杯子的雛型完成後，雙手慢慢離開坯體。

4 拿海棉吸乾杯中多餘水分。

5 用海綿輕輕擦拭杯口，使口緣更加光滑。

6 最後運用木片刀修底，使杯底造型完整。

步驟三 停止拉胚機，結束拉胚動作

1 用拉直的鐵線將坯體底部與拉胚機切開。

2 雙手環抱，將製作完成的坯體拿起，放置在木板上。

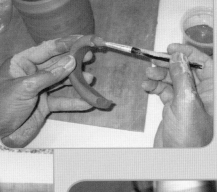

3 製作馬克杯把手，並用泥漿將把手黏貼於杯身適當的位置。

4 馬克杯製作完成。

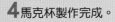

步驟 四 運用個人創意，修飾杯身

1 將杯口修飾成愛心的形狀。

2 在杯壁輕刻出愛心的圖樣。

3 在另一面杯壁黏上泥條做的愛心。

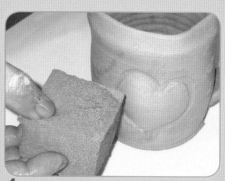

4 最後再用海綿輕輕擦拭杯身，使杯子的
表面可以光滑平順。

作品完成
完成翡翠城堡的心心相印馬克杯！

 好作品一點訣

1 定中心的動作務必確實，有助於後
續拉坯的穩定度。

2 拉坯時，雙手應緩慢移動。

3 手把的弧度與寬度應考量未來抓握
習慣的實用性。

跟著錫樵夫賞析作品

▲愛心馬克杯：將泥板切出大大小小愛心貼於
　杯身上裝飾。

▲火焰花瓶：用柴窯燒出表面自然的
　色澤。

▼日月星糖果盤：拉坯與
　泥條的結合。

▲ 花花小壺：拉胚與泥條的結合。

▲溫馨小碗：利用釉藥
　彩繪出漂亮的圖案。

創作示範4：夜晚的貓頭鷹

（應用技巧：泥板成型）

 創作步驟重點提示

▲調整陶板形狀

▲將陶土拍打平整

▲將陶板表面桿平

▲用竹籤將泥板兩邊切平

▲用泥漿將陶板黏成圓柱形

▶為貓頭鷹裝飾塑型

跟著錫樵夫用心創作

步驟一 製作貓頭鷹的身體

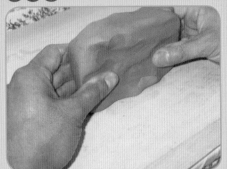

1 先將陶土捏塑成長方體的形狀。

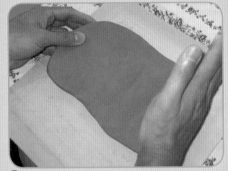

2 拍打壓扁。

3 用桿麵棍將陶板桿薄壓平。

4 用竹籤將長方型陶板的側邊與底邊切平。

5 將陶板立起，切平的一邊為底，將平板的兩邊稍微重疊後，用泥漿接在一起。

6 形成一個圓柱體，即為貓頭鷹的身體。

1 再用一塊陶土拍出圓板並桿平,將圓桶用底部塗上泥漿並黏貼於圓板上。

2 用竹籤將底盤圓板多餘的部分切除。

3 調整形塑出貓頭鷹兩邊的翅膀,胖胖的貓頭鷹看起來也比較可愛喔!

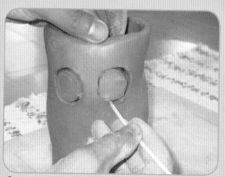

4 用竹籤在圓柱體適當的位置挖出兩個大眼睛。

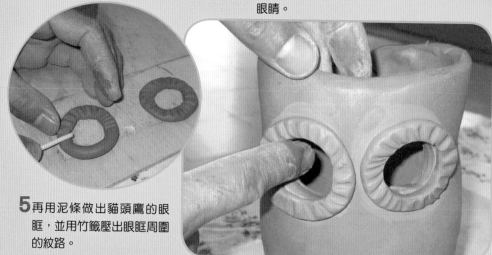

5 再用泥條做出貓頭鷹的眼眶,並用竹籤壓出眼眶周圍的紋路。

6 接著用泥漿將眼眶黏在剛剛挖出的眼洞周圍。

7用泥條做出貓頭鷹可愛的嘴巴。

8幫貓頭鷹黏上可愛的耳朵。

9用竹籤在胖胖的地方畫出翅膀或是用陶
土做出翅膀亦可。

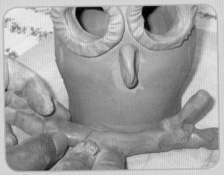

10幫貓頭鷹做一枝可愛的樹枝，好讓牠
可以在夜晚站在樹枝上為桃樂絲一群
人守候喔！

11別忘了貓頭鷹的爪子，這
樣牠才能穩穩的抓住樹枝唷！

作品完成
在耳朵上黏上一個小小的
蝴蝶結，一隻可愛的女生
貓頭鷹就完成囉！

 好作品一點訣

❶確實使用泥漿黏接貓頭鷹的所有
部位，燒製過程才不會脫落。

❷挖出貓頭鷹眼洞的時候，應注意
工具使用的安全。

❸鼓勵孩子運用創意做出不同表情
的貓頭鷹。

跟著錫樵夫賞析作品

◀大家一起做的大鏡子：
每個人做一片，就能組合
出一面大鏡子喔！

▶樹葉形狀的盤子：運用真實樹
葉背面葉脈，壓印於陶板上，就
可以完成美觀又實用的盤子。

◀愛心時鐘 ：數字如果太厚、高度過高，會影響指針運作喔！

▶森林裡的大魚：可找出樹枝或石頭壓印出身體的紋理。

▲可愛的小魚：用食指下壓拉出不同造型的魚鰭，讓姿態更生動。

創作示範5：可怕的怪獸
（應用技巧：綜合成型）

創作步驟重點提示

▲用力拍出大大的臉。

▲將報紙揉成盤子的形狀，以便能
　撐住怪獸的大臉。

▲想辦法搓出水滴形狀，製作怪獸的
　眼睛、鼻子和耳朵。

▶用牙籤挖出怪獸的
　血盆大口。

跟著錫樵夫用心創作

步驟一 先製作怪獸的各個部分

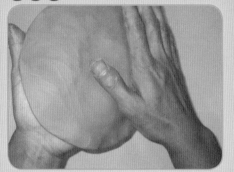

1 將陶土拍成圓板，製作怪獸的臉。

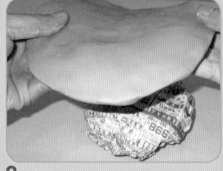

2 報紙揉捏成碗狀倒蓋。

3 再將圓板蓋在報紙上，製做出臉的弧度。

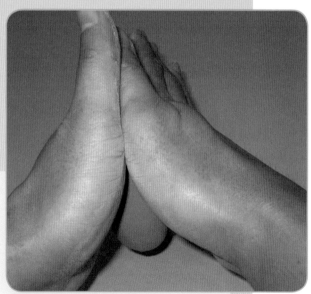

4 將陶土揉搓出五個水滴形狀，分別做為怪獸的耳朵、眼睛與鼻子。

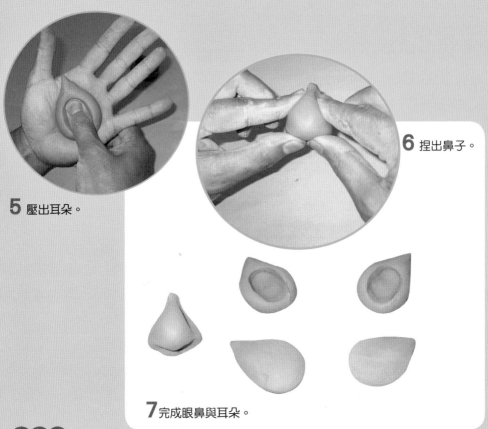

5 壓出耳朵。

6 捏出鼻子。

7 完成眼鼻與耳朵。

步 驟 二 組合怪獸的五官

1 將眼、鼻、耳朵分別黏在臉上適當的位置，記得一定要用泥漿水幫忙黏牢牢的喔！

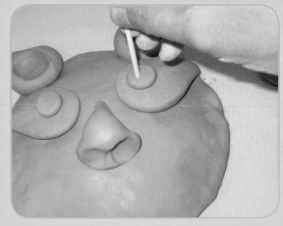

2 在眼睛的位置黏上眼珠子，並用竹籤戳出瞳孔，這樣怪獸才看得到喔！

桃樂絲嬉遊記

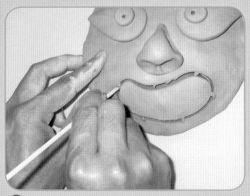

3用竹籤挖畫出怪獸大大的嘴巴。

4再搓泥條黏在嘴唇的位置。

5幫怪獸的臉上用泥條貼一個王字，再幫怪獸黏上尖尖的牙齒，這樣看起來是不是更可怕了呢？！

作品完成

別忘了幫怪獸裝上捲捲的頭髮，看起來會更兇猛可怕唷！

 **好作品一點訣**

❶ 報紙可以幫助怪獸的臉形看來更為立體。

❷ 組合所有部位時，一定要用泥漿水做為黏著劑，以免燒製時脫落。

❸ 可以先黏牙齒再黏嘴唇，每一顆牙齒都應確實黏緊。

跟著錫樵夫賞析作品

▲柴窯及燒製成品（作者／李俊蘭）

▲歡喜咖啡對杯（作者／李俊蘭）

▼工作室一隅

▲圓圓滿滿調味罐（作者／李俊蘭）

▲夢幻滿碗（作者／李俊蘭）

▲甜蜜咖啡壺與對杯組
（作者／李俊蘭）

▲桃裡陶器浪漫餐具組（作者／李俊蘭）

2 『樂』在其中

～過關斬將，陪著膽怯的獅子找到滿滿的勇氣

激發孩子的挑戰心與戰鬥力

　　第二篇「樂在其中」，桃樂絲為了幫助獅子發掘自己內心深處的自信與勇氣，陪伴膽小的獅子勇敢經歷「天旋地轉歷險記」、「奇異草原歷險記」、「魔幻森林歷險記」、「翡翠城堡歷險記」、「勇氣大考驗」等挑戰活動。本篇將以好玩有趣的故事情節，一方面重溫「綠野仙蹤」故事中的驚險旅程，一方面帶領孩子經歷不同的感官體驗，藉由闖關遊戲活動，激發孩子的挑戰心與戰鬥力，同時訓練孩子的挫折忍受力與毅力，學習克服恐懼、勇敢面對問題，再透過您不斷的鼓勵與讚美，幫孩子更加肯定自我，對自己更加有信心，願意嘗試自我突破，從內心深處產生無比的勇氣與智慧。

闖關遊戲在家輕鬆玩

通關密語『SAFE』：遊戲設計重點提示

Sensory motor: 感覺動作

「感覺動作」指的是感覺與動作之間的關係，亦即一連串感官知覺整合後，指揮身體執行的行為結果。好比我們看著交通號誌上不同的圖型組合，在大腦中加以辨識整合，然後指揮雙手轉動方向盤，同時用腳控制油門與剎車，就能讓車子安全的開到目的地。

Appropriate: 強度適宜

活動內容與活動強度的設計，一定要適合孩童的發展狀況。對感覺刺激較為敏感的孩子，可能會做逃避對他們有益的感覺刺激；而對感覺刺激較為遲鈍的孩子，則可能會想辦法製造強度更高的刺激，即便遇到危險也不以為意。

Fun: 好玩有趣

當孩童覺得活動新鮮好玩、充滿樂趣時，活動才能對孩童達到最佳的訓練成效，各項感官知覺則將在此過程中獲得最佳的整合。活動過程中，應保持氣氛輕鬆愉快，讓孩童充分感受到安全感與愉悅感。

Easy: 容易成功

給孩童成功的經驗，將使孩童對自己更加有信心，更願意嘗試較高難度的活動。若一開始活動的難度就太高，反而會使孩童產生抗拒的心理，甚至放棄參與活動的動機。

跟著獅子準備出發：暖身動作開始囉！

小手小腳準備好

 **仰躺伸展**

1 雙手盡量往上拉伸10～30秒，
雙腳盡量往下拉伸10～30秒。

2 右邊手腳往左拉伸10～30秒，
左邊手腳往右拉伸10～30秒。

3 雙腳腳跟不離地，膝蓋抬
高十公分，以雙膝內側拍
擊地板約30秒

示範動作 跪坐拍手

1 手掌對手掌對拍20～30下，
手背對手背對拍20～30下。

2 手腕對手腕對擊20～30下

1 手掌成杯狀，輕輕拍打身體各部位。

2 右手拍打左手肩膀、手臂、手肘，
　左手拍打右手肩膀、手臂、手肘。

3 雙手輕輕揉一揉肚子
　雙手輕拍腰部、屁股
　雙手輕拍打左腳大腿、膝蓋、小腿
　雙手輕拍打右腳大腿、膝蓋、小腿

3 十指交叉對擊20～30下

身體動作腳準備好

示 範 動 作 貓咪伸懶腰

1 跪坐手臂往前伸展，手掌貼地10～30秒。

2 跪坐手臂往後伸展，手背貼地10～30秒。

示 範 動 作 小狗尿尿

1 高跪手掌貼地如小狗姿態，仰頭望天，腰部下壓10～30秒，低頭看肚子，背拱起10～30秒。

2 高跪狗姿，右腳抬高，踢20下，高跪狗姿，左腳抬高，踢20下。

3 高跪狗姿，右腳抬高，左手舉高，分別踢（甩）20下，再換邊。

1 手腳貼地如大象姿勢，手掌貼地，墊腳尖
10～30秒，腳掌完全貼地10～30秒。

2 大象姿勢，右腳抬高10～30秒，
大象姿勢，左腳抬高10～30秒。

3 大象姿勢，雙腳踢高
10～20下。

1 趴臥地面，手撐直，雙腳併攏貼地，
手撐直讓腰挺起，頭往後仰約10～30秒
後休息一下，再重覆。

2 手撐直讓腰挺起，腳背拍打地
面，約10～30秒後休息一下，再
重覆。

桃樂絲嬉遊記

示 範 動 作 天鵝展翅

1 趴臥地面，雙手往後抓住雙腳。

2 天鵝展翅，雙手抓住雙腳，胸部及下
腹部均離地，僅腹部貼地
飛行10秒後，休息一下，
飛行20秒後，休息一下，
飛行30秒後，休息一下。

示 範 動 作 超人飛天

1 趴臥地面，雙手雙腳伸直，超人起飛，雙手雙腳均離地，
胸部及下腹部均離地，僅腹部貼地，
飛行10秒後，休息一下，
飛行20秒後，休息一下，
飛行30秒後，休息一下。

1 仰躺,雙手雙腳平貼地面,腰部屁股
抬起成水平狀態10~30秒。

2 腰部屁股抬起,墊腳尖10~30秒,
腰部屁股抬起,舉右腳10~30秒,
腰部屁股抬起,舉左腳10~30秒。

3 腰部屁股抬起,舉右腳和
左手,10~30秒後,再換
邊。

示 範 動 作 不倒翁

1 坐地彎腳屈膝,雙手環抱小腿。

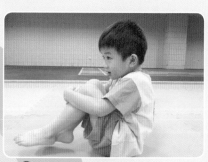

2 往後仰躺再回準備位置。

3 仰躺來回10~20次。

示範動作 起重機

1 坐地雙腳伸直手往後撐在地板上，
雙腳慢慢抬高定住約10～30秒。

2 雙腳抬高約45度，腳背下壓，定
住約10～30秒

3 雙腳慢慢抬高定住，
雙手離地，定住約10～30秒。

爆發力量準備好

示範動作 向上伸展跳躍

1 雙手舉高站好。

2 屈膝手放下，向上手舉高。

3 連續向上跳躍10次。

1 立正站好，
往上跳，著地後雙手左右水平張開，雙腳張開。

2 往上跳，雙手向上拍手，落
地後雙腳併攏往上跳，雙手
左右水平張開。

3 落地後雙腳張開跳回立正位
置，來回共四個八拍。

桃樂絲嬉遊記

示範動作 單腳跳躍

1 單腳提高屈膝，雙手水平站立10秒；
換邊單腳站立。

2 單腳跳起，雙手在腳下拍手，
單腳跳10次，換邊單腳跳躍。

跟著獅子一起冒險：挑戰動作開始囉

遊戲示範1：天旋地轉歷險記（前庭動覺）

活動說明

　　突如其來的一陣龍捲風，將桃樂絲連同屋子一起捲向空中……龍捲風一開始轉得好快，桃樂絲在屋子裡滾來滾去，桃樂絲趕緊帶著小狗托托爬到床上，床一樣是晃來晃去，桃樂絲一開始感到一陣昏眩，慢慢的，她覺得好像嬰兒躺在搖籃裡，搖啊搖啊感到非常舒服，桃樂絲也漸漸的睡著了。迷迷糊糊間，桃樂絲被一陣劇烈的震動驚醒了，桃樂絲立刻跳下床跑到屋外，發現自己來到一個非常美麗的國度，而房子不偏不倚壓中了奴役這個國家人民的壞女巫。人民為了感謝桃樂絲讓他們重獲自由，特地辦了一個盛大的宴會，開心的唱歌、跳舞、吃東西……。

環境設計

備註：本活動提供了強度較高的前庭覺刺激，請隨時留意孩童是否過度興奮、感到頭暈或噁心、臉色發白或潮紅、呼吸急促或緩慢等等。若出現類似症狀，應停止遊戲，或調整遊戲的強度，不可勉強孩童，以免他們感到懼怕而不願意再接受類似刺激。

挑戰動作 1 飛天龍捲風

挑戰動作說明：
手臂伸直靠近雙耳側躺，於塑膠地毯上進行伸展側滾翻。接著，坐地屈膝，雙手抱住小腿，在毛地毯上側滾翻。

勇敢通關標準：
1.能在塑膠地毯上側滾翻。
2.能在毛地毯上順利屈膝抱腿測滾。
3.滾完之後不會頭暈。

桃樂絲小叮嚀：
1.進行伸展側翻時，速度不要太快，以免出現頭暈現象。
2.雙手確實抱住小腿，想辦法用身體的力量側滾前進。

挑戰動作 2 小床轉轉轉

挑戰動作說明：
趴臥在滑車上，雙腳伸直確定重心，再以雙手往前划到定點，屈膝旋轉5圈，再將滑車划回起點。

勇敢通關標準：
1.能在滑車上保持平衡穩定。
2.能用雙手使滑車順利移動。
3.能在滑車上旋轉5圈不頭暈。

桃樂絲小叮嚀：
1.注意重心的位置保持在滑車上。
2.觀察滑車旋轉的流暢性。
3.注意手不要被滑車車輪壓夾到。

挑 戰 動 作 3 搖籃搖啊搖

挑戰動作說明：
橫躺在吊床中，先前後擺盪10秒，再繞大圈圈旋轉10秒。

勇敢通關標準：
1.能順利躺在吊床上。
2.讀秒速度正常，能接受擺盪不頭暈。

桃樂絲小叮嚀：
1.盡量將孩童的手腳均包覆在吊床內。
2.擺盪時間由孩童自行讀秒，尊重孩童讀秒的速度，不用刻意勉強。
3.隨時注意孩童反應與表情，不勉強孩童完成全部動作。
4.操作過程可利用無預警停止再開始的方式，提供孩童較多的前庭刺激。

挑 戰 動 作 4 女巫被壓扁扁

挑戰動作說明：
讓孩童直躺在烏龜墊上，手臂緊貼身體兩側，再由操作者將孩童以適中的速度捲轉包覆，要求孩童自己想辦法從包得緊緊的烏龜墊中掙脫出來。

勇敢通關標準：
1.能接受被烏龜墊旋轉包覆。
2.能自己從烏龜墊中掙脫出來。

桃樂絲小叮嚀：
1.旋轉包覆時，隨時觀察孩童的表情是否愉悅，並隨時詢問是否可以接受捲轉的速度。
2.鼓勵孩子盡量扭動自己的身體，想辦法掙脫，但仍以不勉強為重要原則。

挑 戰 動 作 5 跳跳床、轉轉平衡木

挑戰動作說明：
先在跳床上開合跳5個4拍，嘴巴應大聲
數拍；再拿呼拉圈走間隔平衡木，每走一
步，都要將呼拉圈由下而上穿越身體繞一
圈，一直走到終點。

勇敢通關標準：
1.能連續開合跳並大聲數拍。
2.能流暢操作呼拉圈，不會打到頭。
3.能流暢跨過呼拉圈不被絆倒。

桃樂絲小叮嚀：
1.注意孩童的數拍及開合跳動作是否確實，
　必要時可以在一旁示範。
2.觀察孩童的平衡感與動作的流暢性。

親子悄悄話

　　「天旋地轉」是以桃樂絲遇到龍捲風的過程，設計
一連串旋轉的活動，藉此過程刺激孩童的前庭發展，並用
包覆捲轉的方式，提供孩童深度的觸覺刺激與本體動作訓練。您可
以由此過程中，觀察孩童的前庭發展狀況是否過度敏感或遲頓，亦
可觀察到孩童的觸覺發展情形。本次活動設計強度較高，若孩童出
現過度興奮、感到頭暈或噁心、臉色發白或潮紅、呼吸急促或緩慢
等反應，則表示刺激過度，應立即停止遊戲，或調整遊戲的強度，
千萬不可以勉強孩童，以免他們感到懼怕而不願意再接受類似刺
激。前庭的發展會影響孩童的身體動作、視覺空間與視覺認
　　知，而觸覺發展則會影響孩童的情緒管理與人際互動
　　　關係，可說是非常重要的感官知覺發展。

降低難度的做法

　　前庭敏感的孩子，對於旋轉的動作則會較為排斥，甚至感到恐懼、噁心、臉色發白等。因此進行旋轉速度改變相關活動時，應隨時注意孩子的表情是否愉悅，或是隨時詢問「這樣可以接受嗎？」「還可以繼續嗎？」「想要停下來了嗎？」「會不會暈暈的？」等等，依孩子的表情與反應，減少或增加旋轉的時間，這樣才能真的達到有效的練習。而前庭遲鈍的孩童，往往要求更多的刺激或希望轉得久一點，操作者應控制刺激量，以免刺激過度造成孩子情緒高亢，行為表現反而會出現不穩定的狀況。

前庭覺

何謂前庭覺？

前庭的感覺接受器位於內耳，它能提供孩子有關動作、重量及振動的重要訊息。只要孩子的頭晃動一下、轉圈或是搖擺，前庭耳道就會偵測到頭部加速、減速、晃動或正在旋轉的動作，提供身體需要的感覺訊息。當胎兒在媽媽肚子裡時，透過媽媽的動作與羊水的搖晃，胎兒的前庭系統便已開始發展。

前庭敏感的孩子，很容易因為身體的快速移動或旋轉時感到不舒服，通常不喜歡較為劇烈的運動，更甚者還有視覺敏感的問題，亦即看著別人旋轉便覺得頭昏想吐；而前庭遲鈍的孩子，則老是動來動去、靜不下來，似乎不知危險為何，喜歡爬上爬下，熱愛有速度感或旋轉的遊戲。前庭覺亦會影響孩子對空間相對位置的辨識，造成孩子在閱讀認知上的種種困擾，例如抄寫慢、認字能力弱、不喜歡閱讀活動等等。

簡單的前庭覺訓練

任何有速度變化或反重力的遊戲，都能提供不同的前庭刺激，例如彎身、走路、跑步、旋轉、跳躍、擺盪等等。更細膩的前庭活動，還包括拍球跳繩、益智遊戲、積木拼圖等等，這些活動都有助於促進孩子前庭覺與認知能力的發展。

遊戲示範2：奇異草原歷險記（觸覺）

活動說明

　　為了幫膽小的獅子獲得勇氣，桃樂絲一群人首先面對的挑戰是「奇異草原」，這片大草原被壞女巫施了魔法，所以存在著各種不同的陷阱與挑戰。首先遇到的是「刺刺草原」，每走一步都像針在刺似的，那種椎心刺骨的痛，需要很大的勇氣才能忍耐得住唷！再來遇到的是「捉迷藏草原」，在這裡一定要將自己的身體盡量貼在地面上，像阿兵哥一樣匍匐前進，這樣才不會被盤旋在空中的怪鳥捉走喔！緊接著是「屁股走路草原」、「雙手走路草原」和「翻滾草原」，在「屁股走路草原」裡，這裡你只能坐著用屁股走路，手絕對不可以碰到地面；在「雙手走路草原」裡，則剛好相反，你只能用手走路，雙腳必須併攏拖行，不能動；而在「翻滾草原」裡，你一定要用翻跟斗的方式通過，如果沒有這樣做，就會被壞女巫發現，然後變成她的奴隸囉！最後是「小洞洞草原」，也是奇異草原唯一的出口，你必須想辦法讓自己的身體穿過輪胎的洞，才能真正脫離奇異草原。親愛的小朋友，你準備好接受挑戰了嗎？有沒有記住每一個草原的規定啊？！預祝你平安通過「奇異草原」，和膽小的獅子一起獲得第一份勇氣喔！

環境設計

挑 戰 動 作 1 刺刺草原

挑戰動作說明：
雙腳腳掌平穩踩在塑膠地毯上，用前腳跟接後腳尖的方式，一步一步慢慢前進。

勇敢通關標準：
1.能用腳掌踩在塑膠地墊上。
2.前腳跟接後腳尖走路能保持平衡。
3.能一步一步走不急躁。

桃樂絲小叮嚀：
1.若無法踩在塑膠地墊上，可改採在一般的短毛地毯或地墊上。
2.要求一步接一步慢慢前進，保持平衡比速度更加重要。

挑 戰 動 作 2 捉迷藏草原

挑戰動作說明：
趴在地上，先通過起始點的平衡木後，再以匍匐前進的方式爬過一般地毯。

勇敢通關標準：
1.能由平衡木下方通過不撞到。
2.能以肚子貼地的方式匍匐前進。
3.匍匐前進時，手腳能協調對稱移動。

桃樂絲小叮嚀：
1.使用地毯可以增加觸覺刺激。
2.匍匐前進時，觀察身體左右二邊的動作是否對稱。
3.匍匐前進時，以腰線為準，觀察身體上半部與下半部動作是否協調。

挑戰動作 3 屁股走路草原

挑戰動作說明：
平坐地上，雙腳伸直，手不可碰地。
扭動腰部與屁股，想辦法往前移動。

勇敢通關標準：
1.雙手沒有碰到地上。
2.移動屁股時，雙手能自然擺動。
3.能用屁股順利往前移動。

桃樂絲小叮嚀：
1.屁股走路時，觀察雙手的擺動與屁股的移動是否對稱。
2.擺動腰部與雙手有助於屁股前進的動作。

挑戰動作 4 雙手走路草原

挑戰動作說明：
以海豹的姿勢趴臥在地面上，雙手筆直撐住身體，雙腳併攏，想辦法用雙手往前移動，雙腳則放鬆拖行。

勇敢通關標準：
1.雙手能筆直撐住自己的身體。
2.能用雙手順利往前移動。
3.能放鬆雙腳，讓雙腳併攏拖行。

桃樂絲小叮嚀：
1.觀察雙臂的力量是否足夠撐住自己的身體，並順利移動。
2.盡量使用雙臂力量移動，避免使用雙腳幫助身體往前移動。

挑戰動作 5 翻滾草原

挑戰動作說明：

準備烏龜墊或較厚的軟墊，連續翻跟斗二次。

勇敢通關標準：

1.能自己翻跟斗且動作流暢。

2.能連續翻跟斗二次。

3.翻跟斗起身後不會頭暈。

桃樂絲小叮嚀：

1.翻跟斗時，頭盡量不要頂在地面上。

2.若需協助孩童翻跟斗，應用手掌確實保護好孩童的脖子。

挑戰動作 6 小洞洞草原

挑戰動作說明：

準備一個廢棄的輪胎，想辦法讓輪胎由上而下穿過身體，再由下而上將輪胎脫離身體。

勇敢通關標準：

1.能自己想辦法穿脫輪胎。

2.能運用身體動作技巧穿脫輪胎，而非使用蠻力。

桃樂絲小叮嚀：

1.輪胎的大小應適中。

2.觀察孩童穿脫輪胎的表情是否愉悅。

3.觀察孩童穿脫輪胎的動作是否順暢。

親子悄悄話

　　「奇異草原」最大的特色就是使用不同材質的地面設計關卡，因此能在遊戲過程中，充分提供孩童不同的觸覺刺激。活動設計也以雙側協調和肌肉張力為主要訓練重點，您可以在活動過程中仔細觀孩童肢體的運動狀態是否協調，肌肉張力是否足夠，若發現孩童的動作較為不協調，亦可稍稍降低難度，建立孩童對自己的信心，再逐漸提升活動的強度即可。若孩童表現得很好，則可重複練習，用「點點貼紙」讓孩童通關集點，集滿預先要求的點數，則可獲得獎勵。此種作法將有助於累積孩童的挫折忍受力與成就感，亦可促進精細動作的發展。

降低難度的做法

◎「刺刺草原」：可改用快速通過或走S型通過。

◎「雙手走路草原」：可改用匍匐前進但腳不動或幫孩子抬起雙腳通過（老牛推車）。

◎「翻滾草原」：可改用側滾翻的方式通過。

▼匍匐前進但腳不動

▼老牛推車

▼側滾翻

▼撕點點貼紙

 # 觸覺

何謂觸覺?

　　觸覺是身體最大的感覺系統,也是胎兒在媽媽肚子裡第一個發育的感覺器官。觸覺接受器不僅存在於皮膚表面,也分布於嘴巴、喉嚨與消化系統中。觸覺的狀況變化萬千,例如孩子可能對某些觸覺過度敏感,對其他觸覺卻低度敏感,甚至隨著氣候或心情,這些敏感的情形也會隨之變化。觸覺敏感的孩子,可能不喜歡洗頭、不喜歡被碰觸、不喜歡特殊材質的衣物、討厭沙坑或泥巴;而觸覺遲鈍的孩子,則可能對痛的感受力較不明顯、吃飯時將自己的手臉弄得很髒而不自覺、甚至因為觸覺區辨力較弱而缺乏對物體認知及探索的能力。觸覺敏感的孩子在一般人眼中,感覺較為神經質,情緒也較為不穩定,易躁易怒;而觸覺遲鈍的孩子,則喜歡摸東摸西,喜歡與人有更多的肢體接觸,為了追求更多的觸覺刺激,常常做出讓父母擔心危險動作,甚至跌倒流血都還不覺疼痛,換言之,好像不知道危險是什麼,不懂得保護自己。

簡單的觸覺訓練

　　提供孩子可以接受的觸覺刺激,以滿足他們的觸覺需求,例如用沐浴球洗澡刷身體,泡澡、提供不同材質的衣物玩具,鼓勵孩子接觸多元的素材(如沙、泥土、膠水等等)。觀察孩子喜歡的觸覺活動,讓孩子可以藉由這些活動獲得足夠的觸覺刺激。此外,深度的擁抱與壓力,可以提供孩子更深層的觸覺刺激,大部分的孩子接受度會較好,例如熊抱、按摩、包覆、敲打、撞擊、翻滾、彈跳等等。

冒險筆記

遊戲示範3： 魔幻森林歷險記（本體覺）

活動說明

　　為了到翡翠城堡尋求奧茲大王的協助，桃樂絲一群人必須想辦法通過「魔幻森林」才能到達，讓我們看一看這一次，他們又遇到了哪些危險與挑戰呢？

　　進入魔幻森林之後，首先出現了一群被壞女巫奴役的小矮人，為了幫助他們，桃樂絲一群人就跟著小矮人，看看到底發生了甚麼事。原來是壞女巫強迫小矮人要蓋一座城堡，因此所有的小矮人肩上都背著非常沉重的石頭，通過刺刺草原、再跨過大大小小的石頭、再背著沉重的石頭用跳跳跳的方式避開魔幻森林的陷阱，接下來再走一段好長的路，然後爬上好高好高的山，再像泰山一樣，用力抓住繩子盪過山谷才能到達通過。好不容易通過了高山，接著來到河邊，還得自己想辦法划船通過一條湍急的河流，總算背上的石頭沒有掉下去，小矮人還得小心翼翼踩著高蹺通過毒蛇區，以免被毒蛇咬到。最後來到了建築城堡的工地，小矮人才能將蓋城堡的石塊放下。膽小的獅子決定要跟著小矮人體驗一次，看能不找到壞女巫的魔法漏洞，找找看有沒有解救他們的方法？

環境設計

備註：

本活動使用的背包會讓孩童改變原本的重心位置，再加上小矮人的姿勢，孩童很容易重心不穩。建議先讓孩童以小矮人姿勢完整經歷一次活動，再背上書包重新闖關。

挑戰動作 1 背著大石塊的小矮人

挑戰動作說明：
自己揹上有相當重量的書包。所有挑戰皆須揹著書包並且蹲著走路。
首先，揹書包蹲著走塑膠地毯、雙腳踩輪胎邊緣前進。

勇敢通關標準：
1.能自己將書包揹起來。
2.能蹲著走路並保持平衡。
3.能踩著輪胎前進並保持平衡。
4.能接受塑膠地墊的刺激。

桃樂絲小叮嚀：
1.調整背包的重量，注意孩子是否能依身體動作調整重心位置。

挑戰動作 2 陷阱跳跳跳

挑戰動作說明：
背著書包站在跳床上，雙手拉住書包背帶，雙腳同時跳起（若腳後跟能踢到屁股更佳），連續跳十次。接著以小矮人姿勢走路到終點。

勇敢通關標準：
1.跳起時，能保持重心穩定不後傾。
2.小矮人走路時能保持重心不跌倒。

桃樂絲小叮嚀：
1.提醒孩童雙手抓住書包的背帶，避免書包亂晃動，以維持重心。
2.跳起時重心會偏移，注意孩童跳躍時的安全。

挑 戰 動 作 3 飛越山谷

挑戰動作說明：
以小矮人的姿勢爬上立體積木，抓住泰山繩，以雙膝彎曲的姿勢跳至對岸，再以小矮人的姿勢爬下立體積木。

勇敢通關標準：
1.能以小矮人的姿勢翻越立體積木。
2.能順利曲膝擺盪到對邊積木。
3.翻越積木時能調整身體動作以保持平衡。

桃樂絲小叮嚀：
1.能隨時調整自己的重心避免跌倒。
2.爬下立體積木時容易重心不穩，應留意孩童安全。

挑 戰 動 作 4 小船過河

挑戰動作說明：
背著書包趴在滑車上，用雙手將滑車划至對邊再划回起點。

勇敢通關標準：
1.能在滑車上保持平衡不跌落。
2.能用雙臂的力量使滑車前進。
3.能注意不讓雙手被滑輪壓到。

桃樂絲小叮嚀：
1.可以提醒孩童調整重心以保持平衡。
2.划滑車時，雙腳必須伸直保持水平，避免垂直彎曲，可增加背肌與腹肌的訓練。

桃樂絲嬉遊記

挑戰動作5 勇闖毒蛇區

挑戰動作說明：
背著書包，踩高蹺往返。再自己將書包卸下，拿回最初的起始點。

勇敢通關標準：
1. 能順利站在高蹺上並保持平衡。
2. 能順利踩高蹺往前。

桃樂絲小叮嚀：
1. 高蹺的製作應考慮孩童的體重與身高。
2. 仔細觀察孩童動作的協調性。
3. 若無法順利進行，鼓勵孩童想辦法解決問題，或改用其他工具，如圖片中的小車子。

 親子悄悄話

　　「魔幻森林」設計的重點，在訓練孩童調整身體重心位置的技巧，以及訓練上肢與下肢的肌肉力量。您可以仔細觀察孩童走路過程中，是否能夠保持平衡，能否改變動作隨時調整自己的重心，避免跌倒。最重要的是，遇到無法完成的任務時，孩童是否願意想辦法解決，訓練孩童問題解決能力與挫折忍受力。書包的重量與活動強度的設計，須依孩童的年齡與發展狀況進行適當的調整，務必將難度調整到比孩童可以承受的強度再稍難一些些，這樣更可以激起孩童的挑戰心與成就感。過程中請不要吝嗇您的讚美，看到孩童做得好的地方，立刻予以讚美的言詞或眼神；若發現孩童的動作較為不協調，亦可稍稍降低難度，建立孩童的自信心，再逐漸提升活動的強度即可。

降低難度的做法

◎小矮人：若無法用小矮人（蹲著走路）的姿勢走太久，可以隨時
　　調整走路的方式，不一定全程使用此姿勢。
◎大石塊：若頸肩肌肉張力很弱，可減輕書包的重量，再慢慢的增
　　加重量。

本體覺

何謂本體覺？

本體覺是一種能不用眼睛看也能辨識自己的手腳的位置的感覺，這種感覺是仰賴關節、肌肉、韌帶及結締組織上面的接受器傳達訊息的。

本體覺發展尚未純熟的孩子，常常看著自己在做什麼（如走路或跑步時常常看著自己的腳）、逃避或喜歡推擠、拉扯、彈跳或碰撞的遊戲、走路容易跌倒或碰撞、各種動作姿勢看起來總是怪怪的、常常不小心打到人或打到自己，甚至手指無法處理精細動作（如扣鈕扣、綁鞋帶、打翻果汁）、無法控制手指的力道。

簡單的本體覺訓練

任何能壓迫或拉開孩子關節的遊戲、訓練孩子肌肉張力或肌肉耐力的遊戲，都是很好的本體覺訓練。例如緊抱孩子、按壓孩子的關節、丟沙包、閉眼探索等遊戲，都是很好的本體覺練習。當然，最重要的是生活自理的練習，如自己拿奶瓶喝奶、自己穿脫鞋襪、穿脫衣服、自己用湯匙吃飯、自己揹書包、收拾玩具、幫忙擦桌子、掃地、拖地等等，都是幫助孩子發展本體覺的絕佳機會。

遊戲示範4： 翡翠城堡歷險記（身體動作專注力）

活動說明

　　桃樂絲一群人通過奇異草原與魔幻森林的考驗之後，終於來到了奧茲大王的「翡翠城堡」。首先遇到了搖晃的吊橋，桃樂絲帶著膽小的獅子一步一步往前，到了城堡門口，守城人先用特有的光圈幫桃樂絲一群人洗禮，再幫他們戴上眼鏡，免得被城堡閃耀的光芒刺傷眼睛。進入翡翠城堡後，看到城堡到處都閃著絢麗的綠色光芒，奧茲大王的城堡更是光耀奪目，雖然帶著眼鏡，但眼睛仍有些張不開，必須一步一步慢慢走免得跌倒。守城人讓大家換上漂亮的衣服，並帶領他們去見奧茲大王，奧茲大王分別給每個人一個記號，並要求他們必須打敗壞女巫才能幫助他們完成心願。於是，桃樂絲一群人又繼續冒險旅程，途中遇到壞女巫派可怕的野狼、烏鴉和蜜蜂攻擊他們，他們只能躲在山洞或稻草堆中，盡量壓低身體慢慢移動，才順利脫險。但是，壞女巫實在太厲害了，桃樂絲最後還是被壞女巫抓走，成為壞女巫的奴隸。這一次，桃樂絲一群人要如何脫離險境呢？

環境設計

備註：

1. 活動前，先讓孩童用綠色玻璃紙自製一副眼鏡。
2. 依孩童體型大小，須事先準備戲劇服裝讓孩童更換。

挑戰動作 1 翡翠城堡的吊橋

挑戰動作說明：
慢慢通過彈性平衡木，再由操作者幫孩童套上輪胎，再逐一將輪胎拿出，孩童再由彈性平衡木走回起點。

勇敢通關標準：
1.走彈性平衡木時不會懼怕。
2.能在彈性平衡木上保持平衡。
3.套輪胎過程中情緒穩定。

桃樂絲小叮嚀：
1.套輪胎的數量以達到孩子胸部高度為原則。
2.若孩子懼怕被輪胎套住，可調整為孩子自己穿脫一個輪胎。

挑戰動作 2 進入翡翠城堡

挑戰動作說明：
讓孩子戴上自製的綠色玻璃紙眼鏡，雙手環抱一顆球，走間隔平衡木往返。

勇敢通關標準：
1.能在平衡木上保持平衡。
2.眼睛能直視前方，不往下看。
3.能用腳感覺下一步的位置。

桃樂絲小叮嚀：
1.雙手抱球是為了不讓孩童低頭看腳下，純粹用身體的感覺前進。
2.若沒有間隔平衡木，可以改用一般平衡木或是輪胎。
3.觀察孩童是否能穩定前進不急躁。

挑 戰 動 作 3 會見奧茲大王

挑戰動作說明：
換上漂亮的戲服，以前腳跟接後腳趾的方式走塑膠地墊，接著，撕下一張點點貼紙貼在額頭上，再一步步走回起點，並將戲服與玻璃紙眼鏡脫下。

勇敢通關標準：
1.能自己穿脫衣服。
2.能慢慢走並保持平衡。
3.能順利撕下點點貼紙並貼在額頭。

桃樂絲小叮嚀：
1.依孩童發展狀況選擇服裝的類型。
2.依孩童精細動作發展狀況，選擇不同大小的點點貼紙。

挑 戰 動 作 4 躲避烏鴉及蜜蜂

挑戰動作說明：
將烏龜墊前後相接，讓孩童在烏龜墊內往前移動，到達終點後再往回移動至起點。

勇敢通關標準：
1.願意在烏龜墊裡操作。
2.能順利運用身體動作將烏龜墊移至目的地。

桃樂絲小叮嚀：
1.若沒有烏龜墊，可以改用紙箱。
2.觀察烏龜墊移動的方向是否偏移太多。

挑 戰 動 作 5 成為壞女巫的奴隸

挑戰動作說明：

先在水桶裡將抹布擰乾，再以大象的姿勢，用抹布擦地，由起點移動到終點，再往返。

勇敢通關標準：

1.能將抹布擰乾。

2.擦地時頭能抬起直視前方。

3.擦地時能保持身體穩定不跌倒。

桃樂絲小叮嚀：

1.抹布大小應依孩童手掌的大小調整。

2.觀察孩童擰乾抹布的技巧。

3.提醒孩童眼睛應直視前方，不是看地上。

親 子 悄 悄 話

「翡翠城堡歷險記」的活動設計著重在精細動作、衝動控制、前庭平衡與觸覺的訓練，在走吊橋、腳接腳走塑膠地墊、抱球走高低平衡木等過程中，可以觀察到孩童的平衡感與身體動作的表現，此類活動因為必須慢慢走，因此有助於抑制孩童的衝動行為。而套輪胎與在烏龜墊內移動，則是很有效的觸覺訓練，若孩童有感覺不舒服無法忍耐時，請務必適時調整或降低要求標準，以免孩童出現懼怕的心裡。至於穿脫衣服、撕貼點點貼紙、擰乾抹布的動作，則有助於精細動作的發展，而擦地的動作更可以訓練孩童的肩頸肌肉張力，幫助孩童能夠較長時間維持相同的動作，有助於專注力的養成。

由於孩童的精細動作發展程度不一，因此在進行本次活動時，應隨時觀察孩童的動作表現，若感覺動作較為簡單，可以增加強度，若感覺動作較為困難，則可以降低強度，藉此彈性調整，讓孩童對活動更加感興趣，也使活動設計能達到預期的成效。

降低難度的做法

◎戲劇服裝的選擇應依孩童的發展選擇直接穿脫、拉鍊、或是鈕
扣等不同類型。

◎點點貼紙的使用，亦可用一般小張貼紙，會較容易撕貼。

◎抹布愈小，愈容易擰乾，須依孩童精細動作發展情形挑選抹布
大小。

 ## 專注力

何謂專注力？

專注力不是天生的，是可以被訓練的。不同年齡所發展的專注力有不同的標準，年齡愈小，專注力愈受生理因素影響，生理因素包括生理年齡、感覺統合能力、基礎能力的發展與疾病因素等。排除生理年齡與疾病因素，感覺統合狀況與基礎能力的發展是影響孩子專注力發展的主要因素，例如觸覺敏感的孩子，可能因為所處的環境陌生，或是身上穿的衣服不舒服而無法專注；前庭覺的發展則可能影響孩子對空間相對位置的辨識，造成接收圖案或文字訊息產生困難而影響專注力；至於本體覺的發展，則可能影響孩子控制粗大動作或精細動作的能力，因而無法維持較長時間的專注。

簡單的專注力訓練

專注力影響學習，學習影響表現，而表現影響成就，由此可見，專注力在學習成長中扮演的重要角色。專注力訓練約可分為三個向度，感覺統合的訓練、視覺專注力的訓練、聽覺專注力的訓練。感覺統合不佳的孩子，常常會因為感覺系統衍生各種問題而影響專注力，關於感覺統合的遊戲活動，本章節已提供相當多元的活動設計，家長可依孩子的發展狀況，安排各類型活動，讓孩子有更多機會練習各項感官知覺，進而提升孩子的專注力。而視聽覺專注力的部份，則可利用一些球類遊戲、動作指令遊戲、各類型紙筆遊戲等，訓練孩子關於視聽訊息的辨識能力，讓孩子能因此而更加持續專注於學習活動中。。

遊戲示範5： 勇氣大挑戰（各類感官知覺統合）

活動說明

　　經歷了好多挑戰，膽小的獅子到底獲得他想要的勇氣了嗎？桃樂絲和稻草人、錫樵夫決定幫獅子測試一下勇氣，於是他們一起安排了一連串的勇氣大挑戰，有眼睛看不到仍能保持平衡的「平衡本領」、碰到陷阱被困住能想辦法脫困的「掙脫本領」、測驗手臂力量、肚子力量大不大的「力氣本領」、遇到不同環境能用不同辦法逃脫的「逃生本領」，以及為了生活下去必須做一些手工藝品的「求生本領」。讓我們一起來看看獅子是不是能通過所有的挑戰，獲得無比的勇氣，成為名符其實的萬獸之王！

環境設計

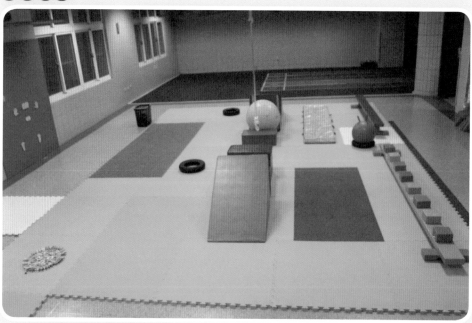

挑戰動作 1 平衡本領

挑戰動作說明：
在一般平衡木上，以前腳跟接後腳趾的方式一步一步前進。接著，抱起大球至胸口，眼睛直視前方，用腳的感覺一步一步走高低平衡木。

勇敢通關標準：
1.能在平衡木上保持平衡。
2.能用腳感受平衡木高低的位置。
3.能一步一步走，不急躁。

桃樂絲小叮嚀：
1.鼓勵孩童眼睛不要往下看，仔細感受身體的動作與位置。
2.提醒孩童保持平衡比速度更加重要。

挑戰動作 2 掙脫本領

挑戰動作說明：
將大龍球夾在雙腳中間，慢慢跳至塑膠地毯的終點。接著再用烏龜墊將自己捲起來，想辦法從捲起來的烏龜墊中掙脫。

勇敢通關標準：
1.能順利用大龍球跳至終點不跌倒。
2.能自己捲烏龜墊、不抗拒。
3.能從捲起的烏龜墊中自行掙脫。

桃樂絲小叮嚀：
1.龍球的大小應適合孩童的身高。
2.觀察孩童是否抗拒烏龜墊的包覆。
3.觀察孩童是否能自己想辦法掙脫。

挑戰動作 3 力氣本領

挑戰動作說明：
以小蛇爬的方式爬上大型積木，再用雙手抓住繩子、雙腳彎曲，擺盪到積木的另一邊，最後以小蛇爬的方式爬下積木。

勇敢通關標準：
1. 肚子能隨時保持貼在大型積木的表面上。
2. 能用雙手順利擺盪到對邊積木。
3. 擺盪時腳能保持彎曲。

桃樂絲小叮嚀：
1. 注意擺盪技巧，擺盪到對面積木時應適時放手，才能順利站穩。
2. 擺盪時屈膝可觀察孩童腹部的力量。

挑戰動作 4 逃生本領

挑戰動作說明：
以海豹的姿勢趴臥在地面上，雙手筆直撐住身體，雙腳併攏，想辦法用雙手往前移動，雙腳則放鬆拖行。再平躺，用肩膀的力量移動，雙腳仍保持不用力。

勇敢通關標準：
1. 海豹走路時，能順利用雙手往前移動。
2. 肩膀走路時，能順利用肩膀往前移動。
3. 進行二種移動方式，移動時雙腳皆能併攏拖行，沒有施力。

桃樂絲小叮嚀：
1. 上肢與頸背肌肉的張力較弱時，會比較難完成此動作。
2. 鼓勵孩童雙腳不要出力。

挑 戰 動 作 5 求生本領

挑戰動作說明：

高舉右手（或左手），將沙包用力丟到目標位置（黃色地墊），再匍匐前進至目標位置，將曬衣夾夾滿圖卡，帶著剛剛丟過去的沙包，再次匍匐前進回到起始點。

勇敢通關標準：

1.丟沙包時手能舉高過肩並適當施力。
2.能順利將曬衣夾夾滿圖卡。
3.匍匐前進時雙側動作能夠協調。

桃樂絲小叮嚀：

1.投沙包時，手的位置應高舉過肩。
2.觀察孩子是否準確將曬衣夾夾到正確位置。

 親 子 悄 悄 話

　　「勇氣大考驗」是針對各類型感官知覺進行設計，「平衡本領」強調的是前庭覺中的平衡感、重力不安全感，以及本體覺的練習。「掙脫本領」則是強調本體覺的關節擠壓練習以及觸覺訓練。「力氣本領」則是強調全身力量的使用與協調，上肢肌力與腹部肌肉力量的訓練。而「逃生本領」則能觀察孩童的頸背肌肉力量是否足夠、身體動作是否協調。最後的「求生本領」則是觀察孩童的雙側協調與手眼協調的情形，同時也訓練手指精細動作的小肌肉力量。從每一項挑戰中，您可以看到孩童各種不同的反應，了解孩童感官知覺發展上的優勢與弱勢，幫助孩童找到自己的能力限度，透過一次又一次的活動能量累積，促進孩童的發展程度，並藉由您的鼓勵與讚美、提醒與教導，幫助孩子認同自己、肯定自己、建立自信心，願意嘗試自我突破，從內心深處產生無比的勇氣與智慧。

降低難度的做法

　　所有的活動安排，都應注意到孩童的發展情形與情緒感受，依狀況調整活動的強度，而非勉強孩童一定要達到預設的標準。在所有遊戲活動中，唯有孩童感覺新鮮有趣、願意主動進行挑戰的時候，活動訓練的成效才能達到最好。

桃樂絲智多星：勇氣遊戲在家輕鬆玩

在『樂在其中』這一篇中，桃樂絲陪伴著膽小的獅子挑戰一關又一關的難題，在一次又一次的挫折中，培養更多的勇氣與自信，透過一次又一次的練習，相信自己是可以克服困難，達成任務的。從愉悅的遊戲過程中，孩子們從中培養挫折忍受力，學習分辨對錯、學習如何與他人合作、尊重別人的意見，懂得在團體中為自己發言、共同分擔責任，也一起分享成果。

您知道嗎？日常生活中就有很多幫助孩子學習成長的機會，以下針對學齡前孩童的日常生活經驗，設計一套簡單的學習檢核表，您可以透過此檢核表，看看您的孩子是否在日常生活中已經擁有「自我提升」的練習機會？

日常生活檢核表

食

* 孩子自己拿湯匙吃飯嗎？　　　　　　　　　　　是□ 否□
* 孩子吃飯時會將碗端起嗎？　　　　　　　　　　是□ 否□
* 吃水果時，孩子會自己剝皮嗎？　　　　　　　　是□ 否□
* 孩子會自己刷牙嗎？　　　　　　　　　　　　　是□ 否□
* 孩子願意嘗試各種不同食物嗎？　　　　　　　　是□ 否□
* 孩子咀嚼的機會多嗎？　　　　　　　　　　　　是□ 否□
* 孩子吃水果時會自己吐子嗎？　　　　　　　　　是□ 否□
* 孩子會含水漱口嗎？　　　　　　　　　　　　　是□ 否□

說明

* 拿湯匙的手勢與拿筆的手勢密切相關，手部肌肉的力量與精細動作的發展從此處開始訓練。
* 嗅、味覺的建立從小開始，咀嚼不同食材將影響口腔肌肉與舌頭靈活度的發展，決定孩子是否能夠順利講話，發音是否正確。

日常生活檢核表

衣

* 孩子會自己穿衣嗎？拉拉鍊？扣釦子？　　　　　是□ 否□
* 孩子的衣服有不同材質嗎？　　　　　　　　　　是□ 否□
* 孩子會自己穿鞋嗎？　　　　　　　　　　　　　是□ 否□
* 孩子的鞋子包覆性夠嗎？　　　　　　　　　　　是□ 否□
* 孩子能選擇自己搭配合宜的服裝嗎？　　　　　　是□ 否□

說明

* 衣服材質有助於觸覺發展，而觸覺發展對於孩子的情緒與人際關係有莫大的影響。
* 手指力量與操作能力就從穿衣、穿鞋開始，讓孩子自己拉拉鍊、扣釦子，有助於精細動作的發展。
* 選擇一雙好的鞋子，可避免功能性扁平足的發生。
* 衣服的整潔與搭配更會影響孩子的人際互動與美感創意，亦可觀察孩子的認知發展情形。

日常生活檢核表

住

＊孩子的活動空間是否多元化？　　　　　　　是□ 否□

＊孩子有機會爬上爬下嗎？　　　　　　　　　是□ 否□

＊您讓孩子作家事嗎？如擦桌子、掃地、
　擦地板曬衣服、洗碗、摺棉被等等。　　　是□ 否□

＊孩子會正確洗手嗎？　　　　　　　　　　　是□ 否□

＊孩子喜歡洗澡、泡澡嗎？　　　　　　　　　是□ 否□

（說明）

＊善用家中各種物品，如曬衣夾、抹布、棉被、床、枕頭、沙發、桌子、等，就能
　幫孩子營造一個有趣的遊戲環境。

＊簡單的家事除了可以幫助孩子精細動作的發展，更能涵養孩子良好的品格道德與
　生活態度。

＊洗手步驟有助於建立順序概念。而洗澡的過程中則可以觀察或訓練觸覺發展。

日常生活檢核表

行

＊孩子平常坐地板時是盤腿坐的嗎？　　　　　是□ 否□

＊孩子走路的機會多嗎？　　　　　　　　　　是□ 否□

＊孩子走有坡度的路面或爬山的機會多嗎？　　是□ 否□

＊您會讓孩子走崎嶇不平的路嗎？　　　　　　是□ 否□

＊孩子走路常常跌倒或撞到嗎？　　　　　　　是□ 否□

＊孩子能自己認路回家嗎？　　　　　　　　　是□ 否□

＊孩子常在坐車過程玩各種追視的遊戲嗎？　　是□ 否□

（說明）

＊本體覺、前庭覺、視覺、扁平足、內八走路等等發展，都可以透過各種行動機
　會獲得練習。

＊認路與追視遊戲有助於專注力與眼球動作的訓練，對於閱讀會有相當大的幫
　助。

3 『絲』如湧泉

～動手實驗，跟著腦袋空空的稻草人一起腦力激盪

讓孩子感受科學的無限魅力

　　第三篇「絲如湧泉」，將好玩有趣的科學遊戲結合綠野仙蹤故事的發展，看桃樂絲帶著極需尋找「智慧」的稻草人，一路上設計各種不同的科學秘密武器協助大家完成這段探險，像是運用鏡子「夾角的秘密」來探索奧茲大王的真面目、對付怕水的女巫設計的「紙花開花」、在罌粟花田中製作的「水果酒DIY」、最後「風向計」幫助他們抵達思念的家…等，誰說稻草人沒有智慧呢？配合故事的各個橋段，設計出各式各樣的科學遊戲，讓孩子充分感受科學的無限魅力，透過好玩遊戲，啟發孩子的好奇心，更利用思考延伸的方式提升孩子的問題解決能力和思考力，培養孩子的科學態度與素養時，期盼孩子未來在面對人生中的各種問題，將能以更積極正向的態度，找出解決問題最好的方法，為自己的人生尋求更多元的發展。

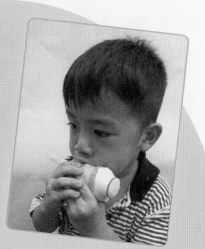

科學實驗室在我家

實驗示範1：可怕的龍捲風

　　一陣可怕的龍捲風，傳來陣陣的吼聲，像大海中的波濤那樣起伏，將桃樂絲、小狗托托和房子一起慢慢捲向天際，不知要飄到何處？

1 一飛沖天

2 雪花飄飄

稻草人動動腦

　　塑膠杯在桌面來回搖動，造成杯子上方的空氣快速流動，使杯筒內外的空氣產生的對流現象，此時放在桌面的羽毛或衛生紙就會被流動的空氣帶到杯筒內再拋出來。

實驗 1　一飛沖天（白努力原理）

活動素材

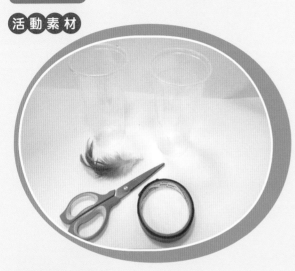

● 750cc飲料塑膠杯 2 個、羽毛、晶晶膠帶、剪刀。

稻草人小叮嚀

1.手握在杯筒下方盡量保持不動，上方左右搖動的速度越快，越容易成功。

2.乒乓球也能運用在此實驗中，也會出現從杯筒中間跳出來的效果。

製作流程

1 剪刀將2個塑膠杯的杯底剪下。

2 使用晶晶膠帶將兩個杯底連接住。

3 羽毛放在杯子下方。

4 手握杯子下方，左右搖動上方杯身。

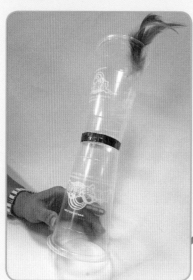

5 羽毛將由下方杯底飄到上方杯外。

實驗2 雪花飄飄
（白努力原理）

活動素材

● 西卡紙一張、雙面膠帶
　一捲、衛生紙一張。

稻草人小叮嚀

1.紙筒的大小高低會影響實驗結果，老師可先實驗，找到最是合操作的紙筒。

製作流程

1 西卡紙剪出各種尺寸，以雙面膠固定成紙筒。

2 找出最適合操作者實驗的紙筒。

3 左右搖晃杯子底部，嘗試讓衛生紙由上方捲筒口中飛出。

參考資料

1.賴羿蓉等（2007）。科學百寶袋。台北：群英。

2.自然與生活科技學習領域電子報－創刊號。

3.許夢虹主編（2000）。水的科學玩具。台北：牛頓開發教科書股份有限公司。

實驗示範2：龐大的空氣壓力

　　空氣壓力到底有多大呢？竟然可以將嬸嬸的房子托住，讓屋子裡的桃樂絲和托托像躺在搖籃般舒服。

Part 1 力拔山河

Part 2 蘋果氣球

稻草人動動腦

實 驗 1 力拔山河（大氣壓力）

　　兩個吸盤內的空氣被擠壓出來之後，吸盤空間內部成為真空或部分真空狀態，空氣壓力接近零，因此外部空氣壓力遠遠大於吸盤接觸面內的空氣壓力，所以很難用雙手的力量直接拉扯開來。

活 動 素 材

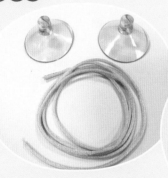

● 5cm 吸盤2個、30cm中國結4號線2條。

稻 草 人 小 叮 嚀

1.接觸面部分呈現真空狀態下的吸盤，可從接觸面旁剝開一個小縫，讓空氣進入吸盤接觸面，即可將兩個吸盤分開。

2.選擇的線以較粗的線為佳，太細會將手部絞捲受傷。

3.建議操作時戴上麻布手套。

製 作 流 程

1 繩子剪半，穿入吸盤後的孔洞中打結，讓兩吸盤互壓後相吸。

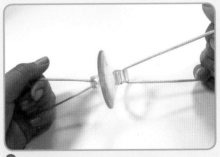

2 嘗試左右拉住線，分開吸盤。

活 動 素 材

• 打氣筒1支、蘋果氣球1個。

稻 草 人 小 叮 嚀

1.蘋果氣球可以吸附在任何平面，例如：玻璃窗、人的五官上。

2.只要輕壓蘋果氣球的底部兩側，排出氣球與接觸面的少許空氣，即可造成外部氣體壓力大於接觸面氣體壓力，使氣球被壓在任何平面上。

3.使用一般氣球亦可製作。

製 作 流 程

1 打氣約1/2個氣球大小，在氣球的開口打結。

2 大拇指從打結處推入，直到對面果蒂處。

3 拇指推入後，與氣球的果蒂打結固定。

4 完成蘋果氣球。

5 紅色的氣球，是不是更像蘋果呢？

6 試試看，哪裡可以吸住蘋果氣球？

蘋果氣球黏哪裡？
黏鼻子

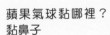 參考資料

1.賴羿蓉等（2007）。科學百寶袋。台北：群英。

實驗示範3：壓扁壞女巫

　　迷迷糊糊間，桃樂絲被猛烈的震動驚醒了，她急忙從床上爬起來，原來，房子轟隆一聲著地，正好壓到壞女巫。

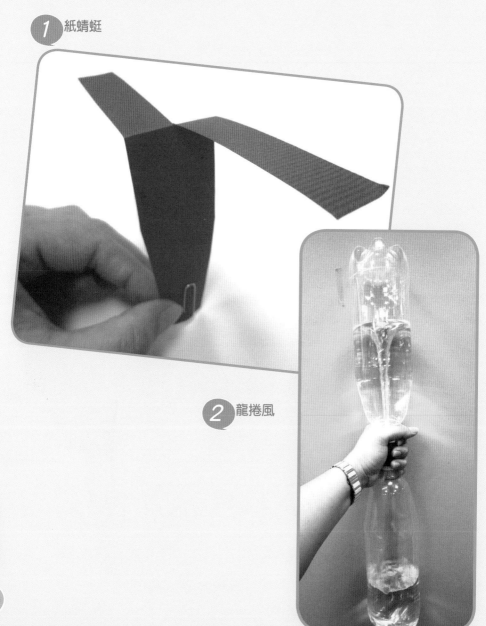

1 紙蜻蜓

2 龍捲風

稻草人動動腦

　　紙蜻蜓往高處拋時，側翼因兩側氣流的速率與壓力的不同，產生作用力與造成旋轉的力矩，紙蜻蜓便從高空中快速旋轉落下。

實驗 1 紙蜻蜓（力矩的效果）

活動素材

● 迴紋針1支、紙張1張、剪刀。

稻草人小叮嚀

1.各種尺寸紙張都可以，只需依比例調整放大。

製作流程

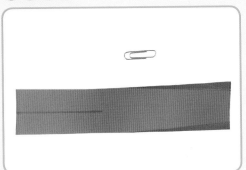

1 紙張依圖示，剪下黑線部分。

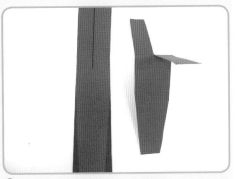

2 再將兩翼剪開，一片往前摺，一片往後摺。

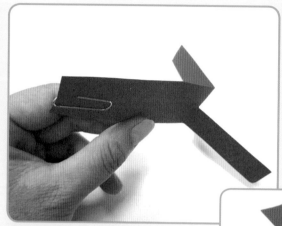

3 紙蜻蜓底部別上迴紋針。

4 手握住紙蜻蜓迴紋針處，由上往下丟，即會產
生旋轉現象。

參考資料

1. 光榮國小天降奇兵 http://sf.wfjh.kh.edu.tw/module/power/workUpload/2009_513603.doc

稻草人動動腦

　　先讓上方保特瓶中的水靜止不動，緊握手中間接口、快速搖晃保特瓶，使得上下保特瓶中的空氣形成對流，此時下方保特瓶內的空氣往上跑，上方保特瓶中的水則被對流的空氣往下推落，再加上搖晃產生的轉動慣量，使保特瓶中的水以類似龍捲風的型態落入下方保特瓶中。

實驗 2 龍捲風（力矩的效果）

活動素材

● 保特瓶2個（含蓋）、塑膠水管3cm1段、保利龍膠、剪刀。

稻草人小叮嚀

1.其中一瓶保特瓶裝水即可，並請依同一方向搖晃保特瓶。

2.坊間有售龍捲風轉接頭，亦可使用。

製作流程

1 瓶蓋打洞。

2 四圍黏上保利龍膠後塞入水管中（避開洞口）。

3 兩個瓶蓋以瓶蓋相對的方式塞入水管中，成為自製龍捲風接頭。

4 一個保特瓶裝滿水，兩個保特瓶一起鎖入龍捲風接頭中。

5 裝滿水的保特瓶在上方，手緊握中間接口處，依同方向搖晃後，按壓一下下面空瓶，即會看到水裡的龍捲風。

參 考 資 料

1.賴羿蓉等（2007）。科學百寶袋。台北：群英。

實驗示範4：美麗的奇異世界

　　龍捲風將桃樂絲和小狗托托帶到一個色彩繽紛的奇異世界，處處是草地、壯碩的樹木、結實纍纍的果實，還有小鳥在枝頭唱著歌。

1 膠彩畫

2 彩色相框

稻草人動動腦

　　原色就是不能從其他基本的顏色混合出來的顏色，物體三原色是紅、黃、藍。利用三原色不同的比例，將可以調製出各種不同的色彩。

實 驗 1 膠彩畫（色彩三原色）

活 動 素 材

● 水彩或廣告原料1盒、白膠1包、 三明治袋數個、圖畫紙1張。

稻 草 人 小 叮 嚀

1. 三明治袋身較薄，建議使用兩個三明治袋製作，盛裝白膠染色時，請小心搓揉，以免袋身破掉。
2. 彩膠畫的擠花洞口可依作品和使用者年齡調整大小，洞口愈大愈簡單。
3. 在進行彩膠畫時，建議從一個角落由上往下進行，需留意手臂是否破壞已經繪製好的畫面。

製 作 流 程

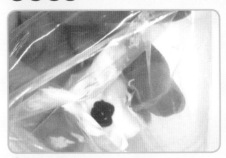

1 白膠和顏料擠入三明治袋內。

2 來回搓揉袋身調出各種顏色後，袋口打結綁緊。

3 用蠟筆在圖畫紙上構圖。

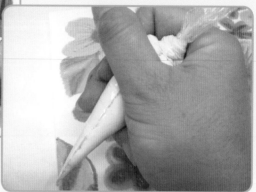

4 袋子尖端依造型，剪出擠花口大小，手掌
依圖握住袋身上方，由上方往下擠花。

5 由圖畫上方往下，擠出各種
圖形創作作品。

6 作品需等待彩膠乾燥。

稻草人動動腦

　　利用彩色投影片的濾光效果，觀察不同光線混合之後產生的視覺效果。

實驗 2 彩色相框（濾光效果）

活動素材

● 中空板1片、毛根數支、白膠、各式
　裝飾物、膠帶、投影片1張。

印表機列印投影片相片

稻草人小叮嚀

1.列印彩色投影片，應以雷射印表機為佳。

製作流程

1 度量並裁切出需要的相框尺寸，用油性筆設計各種造型。

2 邊框裝飾各式物品，最後以膠帶將投影片固定在邊框後面。

實驗示範5：女巫的祝福

往翡翠城的黃金磚路上，充滿了光明、黑暗、歡樂和痛苦，但有了女巫的祝福，就沒有人敢傷害桃樂絲了。

1 彩鹽祈福瓶

2 彩色燈籠

🎃 稻草人動動腦

　　彩色粉筆在粗糙的鹽巴上摩擦，粉筆會因為粗糙的表面磨成粉末，這些粉末將包裹著鹽巴，形成了一顆顆的彩鹽。

實驗 1　彩鹽祈福瓶（摩擦效果）

活動素材

● 食鹽1包、彩色粉筆各色1盒、小型玻璃罐每人1個、塑膠盤每組1個、 小湯匙每人1支、免洗筷每人1支。

稻草人小叮嚀

1.使用粉筆後一定要清潔雙手，並擦乾，切勿品嚐實驗用的彩鹽。

2.可利用免洗筷或吸管在彩鹽瓶中壓製出不同形狀與花樣，顏色層次會較分明。

3.製作彩鹽時，粉筆要在鹽巴上摩擦，充分搖晃塑膠盤，可使彩鹽的顏色更加均勻。

製作流程

1 鹽巴鋪放在塑膠盤內。

2 用粉筆在鹽巴上來回摩擦。

3 磨出各種不同顏色的彩鹽。

4 將磨好的彩鹽裝盛入玻璃瓶中。

5 可以利用免洗筷、布丁湯匙,將各種顏色的彩鹽調整堆疊出不同樣式。

6 瓶身綁上可懸掛的皮繩或緞帶。

參考資料

1.賴羿蓉等(2007)。科學百寶袋。台北:群英。

桃樂絲嬉遊記

稻草人動動腦

　　光源的三原色是紅、綠、藍，物體的三原色則是紅、黃、藍。光源原色與物體原色的顏色混合原理並不相同。我們可以利用玻璃紙的濾光效果，觀察不同光線混合之後產生的視覺效果。

實驗 2 彩色燈籠（濾光效果）

活動素材

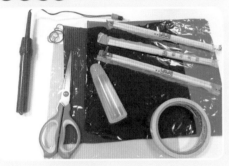

- 紅、黃、藍玻璃紙各1張、免洗筷6支、橡皮筋6條、燈把1根、膠水或雙面膠、噴水槍1個。

稻草人小叮嚀

1. 玻璃紙黏貼好後，以噴槍噴些水霧在上頭，乾燥後玻璃紙會更具張力，也更平順。
2. 色彩混色：色彩混色可分為加色法（顏色愈混愈多）及減色法（顏色愈混愈暗）兩種，加色法為光源色之應用，減色法為物體色之應用。

製作流程

1 竹筷子用橡皮筋綁緊固定，成為一個三角錐狀。

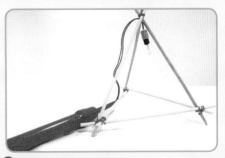

2 在錐狀頂端裝上燈把。

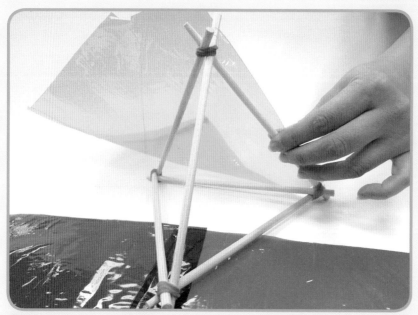

3玻璃紙依竹架大小剪裁下來。

4將各色玻璃紙黏貼在竹架上。

5 在玻璃紙上噴上少許水霧。

6 待水霧乾躁後，彩色
燈籠即完成。

參考資料

1.賴羿蓉等（2007）。科學百寶袋。台北：群英。

實驗示範6：豐盛的晚餐

　　桃樂絲幫芒琦今人除掉了壞女巫，開心的人民為了報答她，招待桃樂絲一頓豐盛的晚餐，希望能幫桃樂絲加油打氣，有勇氣面對所有的危險！

1 古早味膨糖

2 加油筒

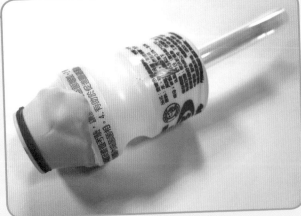

稻草人動動腦

小蘇打粉受熱後會分解產生二氧化碳，進而使糖變得膨鬆香脆。

實驗 1　古早味膨糖（熱分解）

活動素材

● 黑糖、二號砂糖、水、小蘇打粉少許、酒精燈、筷子。

稻草人小叮嚀

1.容器需用長湯勺，並可使用小碳爐替代酒精燈，會更具有古早味香氣。

2.小蘇打粉建議以胡椒罐盛裝，會更方便。

3.融化的糖漿溫度很高，完成後可以以紙杯盛裝，操作時應由大人陪伴，以確保安全。

製作流程

1 在湯杓上放進一勺的二砂糖及少量的黑糖，並加入少許的水。

2 在酒精燈上加熱，筷子一邊攪拌。

3 加熱時須不停攪拌，糖會漸漸融化。

4 直到沸騰的糖水變濃稠，用筷子挑起成絲狀即可。

5 移離火源，加入少量的小蘇打粉，用筷子沿同一方向快速的攪動。

6 直至糖膏顏色變淡，即移開筷子，倒入紙杯中，則可見到糖漿漸漸膨大起來。

參考資料

1. 賴羿蓉等（2007）。科學百寶袋。台北：群英。
2. 自然與生活科技學習領域電子報—創刊號。

桃樂絲嬉遊記

稻草人動動腦

　　當用力朝洞口吹氣時，氣體會震動瓶內的氣球薄膜，再與投影片捲筒內的空氣產生共振，繼而發出巨大聲響。

實 驗 2　　加油筒（空氣）

活 動 素 材

● 養樂多瓶1個、氣球1個、橡皮筋1條、投影片半張、剪刀。

稻 草 人 小 叮 嚀

1.剪刀挖孔時，需有大人陪伴，以策安全。

製 作 流 程

1 以剪刀在瓶身挖出一個約0.3cm的小洞。

2 以剪刀在瓶底挖出一個約1.5cm寬度的孔洞。

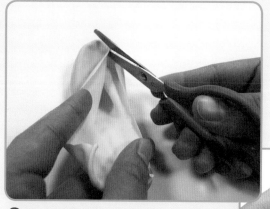

3氣球皮剪成比養樂多瓶瓶口大的圓形。

4將氣球皮拉緊包覆在瓶口。

5以橡皮筋束緊瓶口。

6投影片以長邊為基準，捲成筒狀。

7 投影片捲筒插入瓶底的孔洞。

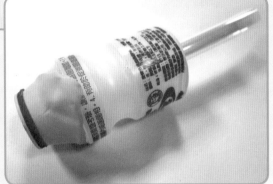

8 操作時，嘴巴對著瓶身小洞用力吹氣即可。

實驗示範7：稻草人的秘密

　　小狗托托對著稻草人又嗅又叫，但他一點都不害怕，稻草人告訴桃樂絲心中的秘密，原來這個世界上，只有燃燒的火柴會讓他害怕。

1 聚光取火

2 針孔相機

稻草人動動腦

　　走直線的光在經過放大鏡後，光線會聚集在放大鏡的焦點位置，形成一個最小、最亮的點，將此亮點移至黑紙表面，黑紙的亮點處很快會出現燃燒，因為黑色會吸熱，因此溫度能很快升高，利用光線聚集的熱能達到燃點，產生燃燒現象，而白色的紙較不容易成功，是因為白色會散熱，因此溫度無法有效升高達到燃點。

實驗 1 　聚光取火（透鏡的焦點）

活動素材

● 放大鏡、深色色紙、油性筆。

稻草人小叮嚀

1. 安排聚光取火時，選擇夏天或大太陽的天氣為佳，冬天較不易成功。
2. 深色紙張比淺色紙張容易成功。
3. 使用放大鏡時，請勿透過放大鏡直視太陽。

製作流程

1 在深色紙上畫出簡單的圖形。

2 在大太陽下，放大鏡對準紙張，調整距離。

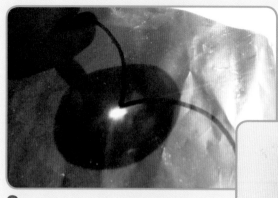

3 找到最小光點，紙張會開始燃燒。

4 沿著線條聚光取火，就可以燒出事先
繪製的圖形。

比較各式紙張，探討哪種材質或顏色較容易成功。

稻草人動動腦

利用空盒子，盒子中心有一個很小的針孔，內部則貼有描圖紙的光屏。光線經過小孔，會折射到光屏上，因而在光屏上可以看見上下顛倒、左右相反的像。

實驗 2 針孔相機（透鏡的成像）

活動素材

- A4大小的描圖紙1張、兩個空的面紙盒（一大、一小）、放大鏡1支、雙面膠帶、包裝紙1張、美工刀1把、保利龍膠、剪刀。

稻草人小叮嚀

1.放大鏡要大於面紙盒上挖的圓洞。

製作流程

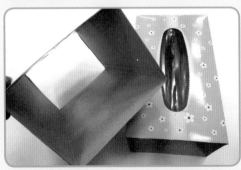

1 大面紙盒一面剪開當外盒，小面紙盒則兩面皆剪開當內盒，並以包裝紙包住整個外盒。

2 小面紙盒在剪開的其中一面黏上描圖紙。

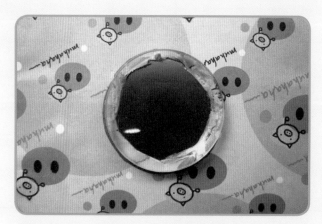

3 大面紙盒未剪開那面挖一個小孔（比凸透鏡小），旁邊用保利龍膠黏上凸透鏡。

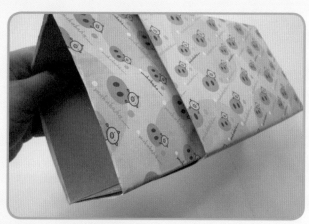

4 小面紙盒套入大面紙盒中（描圖紙和凸透鏡同一邊，凸透鏡盒在外，描圖紙盒在內）。

5 找到要觀察的目標物，顏色鮮豔為佳。

6 慢慢抽拉小面紙盒，調整焦距。

7 焦距正確時，即能在描圖紙屏上看到找到最清楚的影像。

參考資料

1.賴羿蓉等（2007）。科學百寶袋。台北：群英。

實驗示範8：稻草人和小鳥

　　一大片稻田中，有一個用布袋和乾草紮成的稻草人，高高掛在竹竿上，大聲喝斥著鴉雀，不讓牠們糟蹋稻子。

1 平衡鳥

2 紙風車

稻草人動動腦

物體各部份都受有重力作用，用虛擬重力線表示，這些重力線將會交會在同一個點，這個點稱為重心；我們如果要支持一個重物，則支持力的作用點必須與重心在同一個鉛直線上，當支持力與重力大小相同，方向相反，且保持在同直線上，則可以達到靜力平衡，物體可以安穩靜止在支點上。

實驗 1 平衡鳥（重心）

活動素材

● 名片大小般紙張、剪刀。

稻草人小叮嚀

1.製作平衡鳥時，要注意鳥喙嘴巴的位置。

製作流程

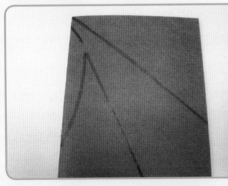

1名片紙摺半後，依圖示畫出平衡鳥的位置，並剪下。

2鳥型剪下後，在翅膀的對面位置斜剪一刀當鳥嘴，但不剪斷

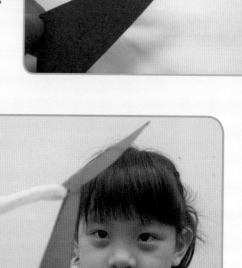

3 打開翅膀後，鳥嘴前半段往下折，就
會看到鳥喙（翅膀在內）。

4 讓平衡鳥以鳥喙為支點，找到平衡的位置。

參考資料

1.陳忠照（2003）。科學遊戲創意教學（頁133）。台北：心理。

2.賴羿蓉、王為國（2005）。幼兒科學課程設計。台北：高等教育。

3.賴羿蓉等（2007）。科學百寶袋。台北：群英。

桃樂絲嬉遊記

稻草人動動腦

　根據白努力定律，氣流速度快，壓力變較大，相反地，氣流速度慢壓力較小，壓力大的一方推向壓力小的一方，產生一個旋轉的力矩，使風車持續轉動。

實 驗 2 紙風車（力矩的效果）

活 動 素 材

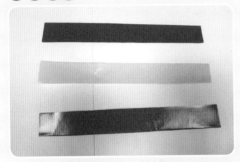

● 色紙三張，每張都裁剪為八分之一，拿出三條顏色不同的色紙。

稻 草 人 小 叮 嚀

1.紙風車只需放在具有細小支點上的物品上，像是筆尖、氣球塑膠棒、免洗筷…等都可。

2.由上往下對著紙風車尖端吹氣，紙風車就會轉動。

製 作 流 程

1 三條色紙都折半。

2 一條折半的色紙夾住另一條的尾部。

3 三條色紙兩兩尾端相交，如圖示。

4 將三條色紙調整拉緊，並壓緊固定交接處。

5 三條色紙拉緊後成錐形。

6 放在筆桿的尖端上，由上往下對著紙風車尖端吹氣。

參考資料

1.賴羿蓉等（2007）。科學百寶袋。台北：群英。

實驗示範9：動彈不得的錫樵夫

　　錫樵夫最想要的就是一顆善良的心，能夠愛人、關心人，能夠欣賞美好的事物，隨時幫關節加一點油，就可以保持動作流暢俐落。

1 雪花球

2 水墨年輪

稻草人動動腦

　　甘油是一種可以與水融合的油類，加入水中，可以增加水的黏滯力，造成雪花球內的亮片緩慢飄落的效果。

實驗 1　雪花球（密度）

活動素材

- 甘油500cc（依幼兒所帶來的玻璃瓶容量為主）、水500cc、亮粉些許、亮片些許、防水的小飾品或小玩偶、寬口玻璃瓶（含蓋）1個、保利龍膠、熱熔槍、熱熔膠條。

稻草人小叮嚀

1. 甘油可於化工原料行購買，活動中使用的甘油為黏稠狀甘油，非一般藥局的稀釋甘油。
2. 水與甘油的最佳比例為1：1，若亮片在甘油水中掉落的速度過快，應加入甘油，若亮片掉落的速度太過緩慢，則加入水，一切都需視實際狀況調整比例。

製作流程

1 用保利龍膠將玩偶黏在瓶蓋內。

2 水和甘油以1:1的比例混合攪拌。

3 甘油水倒入瓶子中，需預留小玩偶的
體積份量。

4 加入亮片與亮粉，以亮片能於溶液中
緩緩落下的狀態為佳。

5 鎖緊瓶蓋，確認內容物的狀態。

6 用熱熔槍將瓶口邊緣黏緊，以防瓶內
液體漏出。

參考資料

1. 賴羿蓉等（2007）。科學百寶袋。台北：群英。
2. 賴羿蓉、王為國（2005）。幼兒科學課程設計。台北：高等教育。

桃樂絲嬉遊記

稻草人動動腦

墨汁和油的表面張力比水小，當墨汁或油滴在水面上時，會被水的表面張力牽引而向四面擴散。而墨汁和油的表面張力又不一樣，因此，當墨汁和水依序並輪流滴在水面上相同位置時，兩者會因油水不互溶的特質而在水面上形成一圈圈的圖案。

實驗 2 　水墨年輪（表面張力）

活動素材

● 水、沙拉油、墨汁、淺盤（至少1公分高的平底盤）、圖畫紙、牙籤。

稻草人小叮嚀

1. 墨汁加一些水稀釋均勻後，會使實驗更易成功。
2. 進行水墨年輪活動前，可以先觀察在乾淨水面滴入墨汁及油的變化；之後，再觀察滴入墨汁與油的混合變化，藉此過程，觀察並比較不同液體的表面張力。

製作流程

1 先將墨汁點於水中。

2 再將油點在墨汁中間。

3 再將墨汁點在油中。

4 接著點油在墨汁中，依序反覆。

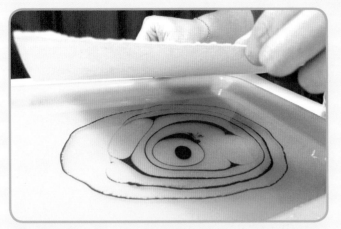

5 將畫圖紙輕輕蓋上水墨年輪圖樣的表面。

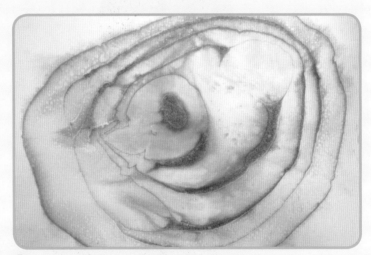

6 水平將圖畫紙拿起，即可完成水墨年輪的拓印。

參考資料

1.賴羿蓉等（2010）。科學百寶袋 II。台北：麗文。

實驗示範10：膽小的獅子

樹林中衝出了一隻大獅子，牠用前爪亂揮，張著血盆大口吼叫，好嚇人。但其實牠只是一隻膽小的大傢伙，只能裝很恐怖的樣子，嚇嚇人而已。

1 吸水毛毛蟲

2 煙霧砲彈

🎃 稻草人動動腦

　　擠壓過後的紙纖維，滴了水之後因為毛細現象漸漸被水撐開，出現類似毛毛蟲蠕動的現象。

實驗 1 　吸水毛毛蟲（毛細現象）

活動素材

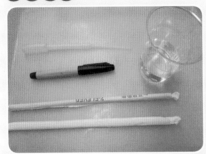

• 紙包吸管、水、滴管、黑筆。

稻草人小叮嚀

1. 盡量將吸管包裝紙擠壓到最緊密的狀態，效果更加明顯。
2. 實驗時，水一滴一滴慢慢加入，毛毛蟲蠕動的效果會更好。
3. 若沒有超商的吸管，可使用衛生紙或宣紙，會產生相同的效果。

製作流程

1 將紙包材往一端擠壓。

2 在擠壓過的紙包材上畫出毛毛蟲的紋路和眼睛。

3 吸水後的毛毛蟲會慢慢蠕動身體。

4 毛毛蟲變身三部曲。

5 將吸管毛毛蟲放在樹葉上，是不是很像真的呢？

6 滴管也可用塑膠針筒管替代。

桃樂絲嬉遊記

參考資料

1.賴羿蓉等（2007）。科學百寶袋。台北：群英。

2.牧野賢治編著（2000）。有趣的科學實驗100。台灣：世茂出版社。

稻草人動動腦

　　保特瓶中充滿空氣，使用雙手同時拍打保特瓶兩側時，拍打的瞬間壓力傳至瓶內，將瓶內的空氣推擠至出口衝出。利用煙霧，可清楚觀察到氣流衝出的路徑與雙手拍打的力量。

　　【乾冰小常識】乾冰是二氧化碳的固態凝結，溫度非常低，約為攝氏－78.5度。乾冰在常溫時，會由固態直接昇華為氣態，直接轉化為氣體而省略掉轉為液態的程序， 因此其融化並不會產生任何水或液體，所以我們也稱它做『乾』冰。 乾冰氣化時需要吸熱，將溫度較高的水倒到乾冰中，會加速氣化過程，也會急速產生較大煙霧。

實驗 2 　煙霧砲彈（力的傳遞）

活動素材

- 5000cc保特瓶1個、乾冰或其他煙霧、夾子或棉布工作手套、鐵鎚、熱水、紙杯或紙卡。

稻草人小叮嚀

1. 拿取乾冰需戴棉布工作手套或使用夾子，請勿以手直接觸摸，以免造成凍傷。
2. 乾冰加入熱水會加速氣化，當沒有煙霧產生時，可以將瓶內的水倒掉，保留乾冰，加入熱水後又可以再產生煙霧。
3. 煙霧砲彈請勿對著幼兒正面發射，以免凍傷喔！

製作流程

1 乾冰用鐵鎚敲成小塊，用夾子夾入寶特瓶中。

2 將熱水慢慢倒入寶特瓶中。

3乾冰吸熱候急速氣化，產生大量煙霧。

4雙手用力且瞬間拍打寶特瓶兩側，瓶內氣體由洞口衝出，擊中目標物。

參考資料

1.空氣炮的威力http://cnc7.km.edu.tw/classweb/DocumentDocument.
php?teacher_id=464&document_id=1148

實驗示範11：同舟共濟

　　錫樵夫製作了一個木筏，他們齊心協力撐著木筏向對岸駛去，到達河心中時，突然遇到一股急流，靠著獅子的好泳技，才讓大家順利通過這條湍急的河流。

 前進小舟

2 小舟渡河

稻草人動動腦

　　水的表面有表面張力，使水面的表面積維持最小。在船的前方塗上牙膏，破壞前方的表面張力，使得船被往後拉走，而船左右兩側的張力則互相抵銷，此乃由於牙膏含有界面活性劑成分所致。當界面活性劑擴大至整個水面時，也就是水中含有太多的牙膏時，船就動不了囉！

實驗 1 前進小舟（界面活性劑）

活動素材

• 牙膏、保利龍板、牙膏、滴管1支、酒精、塑膠盤、水。

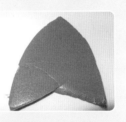

稻草人小叮嚀

1.若實驗中的小船沒有前進或後退的反應時，建議將塑膠盤清洗並換水。

2.牙膏可以用其他清潔劑替代，船身以寶特瓶、餐盤等不吸水且較輕的材質為宜。

製作流程

1 在小船的前端塗上些許牙膏。

2 小船放在水面上，在前端水面滴入幾滴酒精，小船會快速往後移動。

參考資料

1.賴羿蓉等（2010）。科學百寶袋Ⅱ。台北：麗文。

2.東京理科大學教授/牧野賢治/編著。有趣的科學實驗100。

稻草人動動腦

　　當光碟片傾斜時，受地心引力吸引的乒乓球片會往下掉，但因水的黏滯性，使得球片不會快速下滑，此一拉一推的力量，產生旋轉的力矩，使球片受力旋轉，透過手部力量的細心控制，可讓球片在光碟片上，一邊自轉，一邊繞著光碟片中心旋轉。

實驗2　小舟渡河（力矩的效果）

活動素材

- 回收光碟1片、乒乓球1個、免洗筷2支、剪刀、美工刀、裝水噴槍、膠帶。

稻草人小叮嚀

1. 進行切割乒乓球時，需注意安全。
2. 光碟片亦可用塑膠墊板或護背的紙上迷宮替代。

製作流程

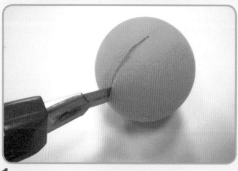

1 使用美工刀將乒乓球剖半。

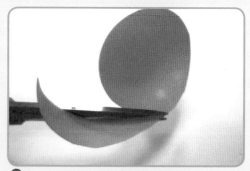

2 剖半的乒乓球，剪出像小舟的球片。

3 乒乓球片可寬可窄。

4 免洗筷分開兩邊，黏在光碟片正面當操縱桿。

5 在光碟片反面噴少許的水。

6 乒乓球片置於噴濕的光碟上，開始時用手協助轉動球片。

7 雙手操作免洗筷前後左右搖晃，小心控制讓乒乓球片在光碟上打轉不掉落。

8 小舟走迷宮（紙張已先護貝）。

參考資料

1.賴羿蓉等（2007）。科學百寶袋。台北：群英。

實驗示範12：罌粟花田

罌粟花田散發出濃郁的香味，就連身軀龐大的獅子，也被花的香味迷昏了。幸好有田鼠造了一輛大車，將獅子拉出這片罌粟花田。

1 水果酒DIY

2 顏色變變變

醋　　柳橙汁　　檸檬汁　　汽水　　水　　小蘇打粉　　洗潔精　　烏龍茶

稻草人動動腦

　　本活動採用自然發酵方法，即將樹葡萄壓破裝入瓶中，不加入任何菌種，靠樹葡萄本身攜帶的酵母菌，在葡萄漿或分離後的葡萄汁裡自發地繁殖，最終發酵成樹葡萄酒。酵母菌只能在一定溫度下生活，20 ℃時為最佳繁殖溫度。

　　【樹葡萄小檔案】學名為嘉寶果，原產於巴西，與一般成串葡萄不同種，但果實外觀很相似，果肉含水分、維他命C、鈣、磷、鐵、纖維、碳水化合物、維他命B1、菸鹼酸、脂肪、蛋白質…等15種以上的營養成份。

實 驗 1　水果酒DIY（發酵作用）

活 動 素 材

●樹葡萄600g、白砂糖125g、廣口瓶1個、塑膠湯匙、紙巾、夾鍊袋1個、塑膠袋1個、酒精噴槍。

稻草人小叮嚀

1.樹葡萄和糖的比例約為4:1，使用樹葡萄600g需加入約125g的糖，依容器容量推算。

2.製作樹葡萄酒時，先清洗樹葡萄再去蒂，以避免除去枝梗時引起果實破損，增加被雜菌污染的機會。

3.製作樹葡萄酒時，一定要將果實擦乾後再風乾，以免過多水氣造成變質。發酵中的樹葡萄酒應放置在陰涼處。

製 作 流 程

1 樹葡萄先洗淨，擦乾後風乾。

2 先噴酒精消毒玻璃瓶，酒精蒸發後可以開始裝盛。

3 夾鍊袋中分次放入一些樹葡萄，輕壓按摩，使果實破皮。

4 瓶內以一層樹葡萄、一層白砂糖鋪放。

5 瓶蓋內鋪上一層塑膠袋，增加密封度，並標註製造日期。

6 半個月後樹葡萄酒會陸續出汁發酵，四個月後便會溢出香甜的酒味，此時則大功告成。

7 瀝出樹葡萄的殘渣，在酒中加點冰塊會更美味喔！

桃樂絲嬉遊記

參考資料

1.嘉義縣豐山果園http://www.ttvs.cy.edu.tw/kcc/92fir/fon1.htm

🧑‍🌾 稻草人動動腦

　　紫色高麗菜汁是一種天然的酸鹼指示劑，遇到中性溶液會呈現紫色，遇到酸性溶液會變成紅色，遇到鹼性溶液則會變成綠色。

實驗2　顏色變變變（酸鹼指示劑）

活動素材

● 紫色高麗菜半顆、鍋子、小瓦斯爐、滴管、檸檬汁、醋、楊桃汁、小蘇打粉調和水、清潔精、烏龍茶、汽水。

稻草人小叮嚀

1.紫色高麗菜汁需於前一天煮好放涼備用，以免熱度影響實驗結果。
2.紫色高麗菜絲切的越細，煮出顏色的時間越短，而且測試的效果較佳。

製作流程

1 鍋內放入切碎的紫色高麗菜絲，加水蓋過紫色高麗菜，小火煮約20分鐘，至溶液呈深紫色，過濾紫色高麗菜汁，放涼待用。

2 將欲測試的液體裝入透明杯中。取5cc紫色高麗菜汁分別滴入每一杯液體中。

3 觀察高麗菜汁滴入各種溶液的顏色變化。

4 酸性溶液滲入紫色高麗菜汁會變成紅色，鹼性溶液則會變成綠色。

加入紫色高麗菜汁的變色情形：

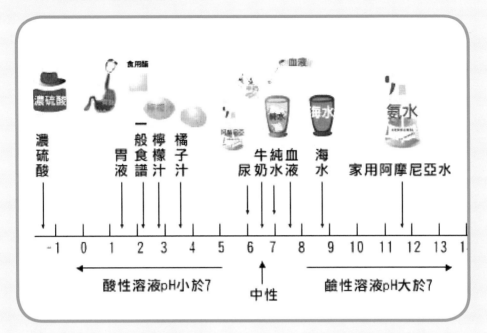

參考資料

1.賴羿蓉等（2007）。科學百寶袋。台北：群英。

2.陳梅生（2005）。自然科學探索：有趣的化學現象。台北：優美出版公司。

實驗示範13：田鼠皇后的報恩

　　田鼠皇后為了報答錫樵夫的救命之恩，給了桃樂絲一個救命的口笛，並叮嚀他們，如果需要幫助，就用口笛呼喚，田鼠就會隨時出現。

1 口笛

2 噴水鳥笛

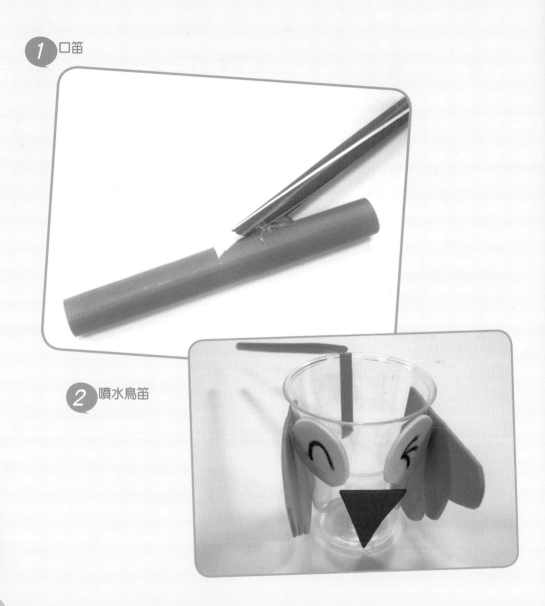

稻草人動動腦

吸管內的空氣柱因吹入的空氣產生了振動，所以會發出聲音。

實驗 1 口笛（空氣）

活動素材

● 粗吸管1支、普通吸管1支、剪刀、熱融膠槍。

稻草人小叮嚀

1.使用熱融膠槍固定前，要先找到吹出最大聲音的吸管擺放位置。

製作流程

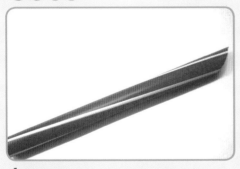

1 普通吸管剪半，剪出一個45度斜角。

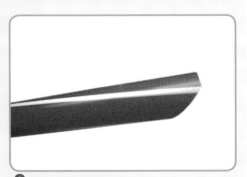

2 將斜角的尖端剪掉。

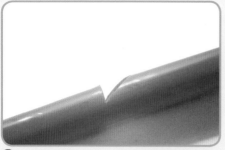

3 先將粗吸管剪半，在粗吸管中間剪一直
角三角形缺口。

4 普通吸管末端的斜缺口放在粗吸管的斜
缺口的前方（垂直缺口在前）。

5 嘗試找出可以吹出笛子聲的位置（角度
約20-30°），確定位置後，用熱熔槍固
定吸管位置。

6 口笛完成囉！

參考資料

1. 賴羿蓉等（2007）。科學百寶袋。台北：群英。

2. 方金祥、劉奕萱（2007）幼兒保育學刊第五期。

3. 牧野賢治編著（2000）。有趣的科學實驗100。台灣：世茂出版社。

桃樂絲嬉遊記

稻草人動動腦

　　根據白努力定律中，氣體流動越快壓力越低，所以用壓扁的吸管讓氣流能加速通過，使吸管上方的氣壓下降，吸管下方的水則將因壓力差的關係，升至吸管上方快速噴出，噴出產生水霧現象。

實驗2　噴水鳥笛（白努力原理）

活動素材

● 杯水1杯、吸管1支、彩色筆、彩色泡棉片、美工刀、剪刀、雙面膠一捲

稻草人小叮嚀

1. 吸管壓得越扁，效果越好。
2. 因角度與吹力的不同，所以可能會出現以下兩種情形：一是水會變成水霧從吸管切口噴出，另一種則是出現水鳥笛的聲音。
3. 利用市售杯水直接插入吸管也可產生相同效果。

製作流程

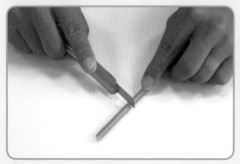

1 吸管用小刀切出切口。

2 吸管依照切口向後折，並將較長的一端用手指壓扁。

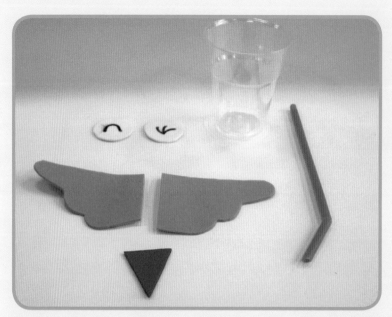

3 用彩麗皮剪出小鳥的各個特徵，如眼
睛、翅膀、嘴巴等。

4 在杯子的適當位置貼出小鳥特徵。

5 杯子裝水後，將短邊吸管插入杯中，吸管切口保持在水面上，從長邊吸管快速吹氣，嘗試吹出聲音或水霧。

參考資料

1. 陳文明譯（2000）。力學。台北：麥格羅希爾。
2. 賴羿蓉等（2007）。科學百寶袋。台北：啟英。

實驗示範14：翡翠城堡

在黃磚路的終點，有扇翡翠做的大城門，太陽照在又高又厚的城門上，光耀奪目，進入翡翠城堡必須戴上眼鏡，眼睛看到的所有景象都是翠綠色的光芒。

1 彩色望遠鏡

2 魔鏡迷宮

稻草人動動腦

　　光源的三原色是紅、綠、藍。光源原色與物體原色的顏色混合原理並不相同。我們可以利用玻璃紙的濾光效果，觀察不同光線混合之後產生的視覺效果。

實　驗　1　彩色望遠鏡（濾光效果）

活動素材

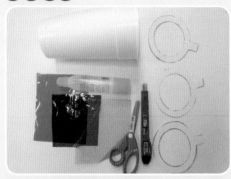

● 保力龍飲料杯1個、藍黃紅玻璃紙 各1張、15cm紙圈3個、膠水、美工刀、剪刀。

稻草人小叮嚀

1.切割保利龍杯時，請注意美工刀的使用安全。

製作流程

1 杯底用美工刀割除。

2 杯子中間以美工刀割出約0.5cm的縫隙，約杯身的四分之三圓周。

3 紙圈外圍依杯子中間縫隙的圓周為準，內圍約少0.5cm為宜。

4 三色玻璃紙各量出紙圈內徑大小，貼在紙圈上，作為彩色玻璃紙鏡片。

5 放入彩色玻璃紙鏡片，觀察鏡片疊色的變化。

6 藍色＋紅色＝紫色。

7 藍色＋黃色＝綠色。

8 紅色＋黃色＝橘色。

參考資料

1.賴羿蓉等（2007）。科學百寶袋。台北：群英。

桃樂絲嬉遊記

稻草人動動腦

　　鏡子照出來的影像，與實際物品左右相反，人之所以能看見東西，是因為物體藉由光線反射，讓視覺神經收到這些訊息之故。

實驗 2　磨鏡迷宮（光的直進與反射）

活動素材

● 鏡子、護貝過的迷宮、彩色筆。

稻草人小叮嚀

1.迷宮事先護貝，可以重複使用。
2.操作時，務必看著鏡中的迷宮圖，感受鏡子的對稱效果。

製作流程

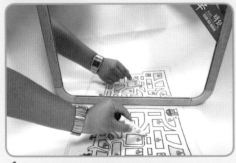

1 幼兒坐於鏡子前，眼睛注視鏡子中的迷宮。

2 用彩色筆畫出迷宮路徑。

參考資料

1.陳文明譯（2000）。光。台北：麥格羅希爾出版。
2.賴羿蓉等（2007）。科學百寶袋。台北：啟英。
2.科學實驗室http://scigame.ntcu.edu.tw/Site1/Bubblle_perform4.html

實驗示範15：奧茲大王的真面目

　　桃樂絲一行人終於來到翡翠城堡，即將見到可以讓願望成真的奧茲大王。奧茲大王是一位很偉大的巫師，他會以各種不同的方式出現在人民面前，有時候會變成很多個奧茲大王，有時候也會突然消失不見。

1 無字天書

2 夾角的秘密

稻草人動動腦

　　界面活性劑的分子結構有兩個端，一端（疏水端）可以抓住油、另一端（親水端）可以抓住水。界面活性劑運用疏水端吸附油脂，再利用親水端溶於水的特性，使水與油互溶，再用大量的水沖洗之後，界面活性劑會帶走油脂，達到清潔的效果。在無字天書中，利用界面活性劑親水端較易吸水的特性，文字就呈現出來了。

實驗 1　無字天書（界面的活性劑、碳化反應）

活動素材

● 肥皂水或肥皂、檸檬汁、白紙1張、塑膠盤1個。

稻草人小叮嚀

1. 使用肥皂水時不要沾太多，以免紙張潮濕變形。
2. 一定要等到紙乾才能進行下一個步驟，以免實驗失敗。
3. 火烤圖畫紙的實驗具危險性，請老師示範實驗的過程，並提醒使用方法及安全教育。
4. 肥皂水可以用洗衣粉水、蠟燭代替，蠟燭有疏水性亦會出現不同的效果。

製作流程

1 沾肥皂水寫字或畫圖。

2 也可以用肥皂直接在紙上寫字。

3 將作品放到裝水的塑膠盤中，靜待數　**4** 沾檸檬汁寫字或畫圖在紙上。
秒，即可看到剛剛書寫的文字。

 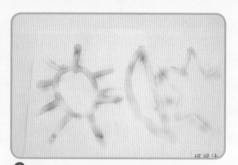

5 作品在蠟燭上烘烤。　**6** 烘烤好的作品可以清楚看到圖文。

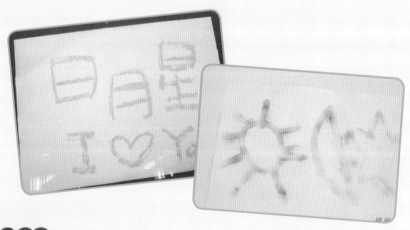

參考資料

1. 賴羿蓉等（2010）。科學百寶袋 II。台北：麗文。
2. 賴羿蓉等（2007）。科學百寶袋。台北：群英。
3. 賴羿蓉、王為國（2005）。幼兒科學課程設計：多元智能與學習環取向。台北：高等教育文化事業有限公司。

稻草人動動腦

鏡子照出來的影像，與實際物品左右相反，利用鏡子反射的原理，調整鏡子的夾角，即可看到無數多個重複的影像。

實驗 2　夾角的秘密（成像原理）

活動素材

● 鏡子二～四片、膠帶。

稻草人小叮嚀

1.購買鏡子時，需將銳角磨平，以免刮傷操作者。

製作流程

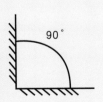

90°

1 兩鏡片擺放90度時，看到1個實物，3個鏡射成像。

2 兩鏡片擺放60度時，看到1個實物，5個鏡射成像。

3 兩鏡片擺放30度時，看到1個實物，11個鏡射成像。

4 兩鏡片擺放180度相對時，看到1個實物，無數個鏡面反射成像。

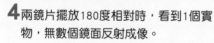

5 三片鏡片擺放正三角時所看到的成像。

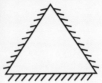

6 四片鏡片擺放正方形時所看到的成像。

參考資料

1.賴羿蓉等（2007）。科學百寶袋。台北：群英。

實驗示範16：怕水的壞女巫

奧茲大王賦予了桃樂絲一行人一個考驗～除去西方壞女巫。壞女巫甚麼都不怕，只怕水，只要一碰到水，她就會溶化不見了。

1 自製濾水器

2 紙花開花

稻草人動動腦

　　利用棉線纖維的毛細現象進行實驗，讓彩色的水經過棉線而變乾淨了。

實驗 1　自製濾水器（毛細現象）

活動素材

● 童軍繩30cm、紅墨水、
　透明水杯2 個。

稻草人小叮嚀

1.老師需事先實驗，並清楚知道兩個杯子擺放的位置，以達到最好的效果。

2.童軍繩可以以化妝棉、紗布、棉繩、粗毛線替代。先將繩子沾濕，可減少等待時間。

製作流程

1 紅墨汁滴入清水中。

2 童軍繩一端放入紅墨汁中，一端放入
　空杯子中，過濾後剩下清水
　。

稻草人動動腦

　　擠壓過後的紙纖維，因為毛細現象會逐漸被水撐開，呈現類似開花的現象。

實驗 2　**紙花開花**（毛細現象）

活動素材

● A4影印紙1張、水、塑膠盤1個、剪刀。

稻草人小叮嚀

1.花朵曬乾後可重複操作。

製作流程

1 在紙上剪下一朵紙花。

2 花瓣往內折後，輕輕放入水面中。

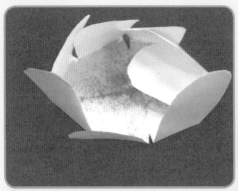

3 吸水後的紙花會慢慢張開花瓣。

4 一瓣一瓣的張開。

5 最後全部花瓣都會攤開在水面上。

參考資料

1.賴羿蓉等（2007）。科學百寶袋。台北：群英。

2.牧野賢治編著（2000）。有趣的科學實驗100。台灣：世茂出版社。

實驗示範17：奧茲大王，再見了

原來奧茲大王只是一位平凡的老魔術師，他乘坐熱氣球從天而降，人民相信奧茲是一個偉大的魔術師，所以幫他修築翡翠城堡，最後也搭乘著熱氣球離開了。

1 茶包天燈

2 旋轉的紙蛇

稻草人動動腦

　　燃燒茶包時會產生熱空氣，熱空氣上升會使得茶包上方氣體壓力變小，茶包就會由氣壓較強大的地方被推向氣壓較小的地方，所以茶包就會像天燈或熱氣球一樣，緩緩升空了。

實 驗 1　茶包天燈（熱對流）

活 動 素 材

● 茶包1個、剪刀、火柴或打火機。

稻 草 人 小 叮 嚀

1.進行此實驗時，需於旁側準備水或濕抹布，以備不時之需。

2.請於站立茶包頂端開始燃燒，實驗才會成功。

製 作 流 程

1 茶包頂端剪開。

2 將剪開的茶包拆開，倒掉內部的茶葉。

3 讓茶包站立成圓筒狀，並在頂端點火。

4 點火後，茶包會由上往下燃燒。

5 燃燒到最下方時，整個茶包灰燼會往上飛，猶如天燈升空般。

參考資料

1.科學遊戲實驗室～茶包天燈http://scigame.ntcu.edu.tw/

稻草人動動腦

　　凡液體或氣體因熱而產生循環移動，漸次傳遞熱量的現象，稱為熱對流；藉由燃燒開水產生的蒸氣，將紙蛇置於水蒸氣上升流經的位置，氣體的熱對流現象將使紙蛇出現旋轉的現象。

實驗 2　旋轉的紙蛇（熱對流）

活動素材

● 圖畫紙1張、水、小瓦斯爐、透明鍋子、彩繪物品、剪刀、竹筷、蛇的相關圖片。

稻草人小叮嚀

1.瓦斯爐周圍熱度高，手持實驗物品時要特別小心。

2.除了利用燃燒開水的水蒸氣產生的熱對流外，亦可以用蠟燭燭火產生的熱對流代替。但因燭火的熱對流較弱，旋轉效果較不明顯。

製作流程

1 圖畫紙畫下紙蛇的圖案，並設計蛇紋。

2紙蛇剪開後，蛇頭以棉繩綁在免洗筷上。

3瓦斯爐煮水至沸騰，將紙蛇放在鍋子上方。

4 隨著水越沸騰，紙蛇旋轉會愈明顯。

📚參考資料

1.賴羿蓉等（2007）。科學百寶袋。台北：群英。
2.賴羿蓉、王為國主編（2005）。幼兒科學課程設計：多元智能與學習環取向。
台北：高等教育。

實驗示範18：終於回家了

　　在好心女巫的幫助下，桃樂絲終於知道回到堪薩斯州的方法，道別了親愛的伙伴，她在腳跟連續碰撞三次，乘著飛快的旋風，回到思思念念的家。

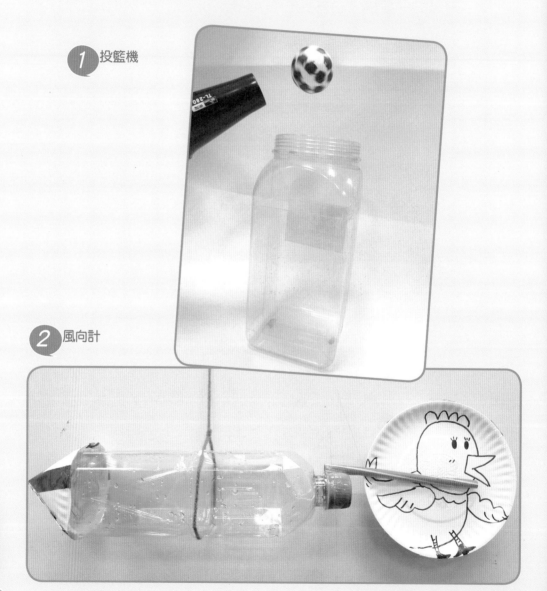

1 投籃機

2 風向計

稻草人動動腦

由於吸管吹出急速的空氣,所以出風口的氣體壓力比周圍的氣體壓力小,利用氣流的壓力差,能將保利龍球固定在出風口的位置,使保利龍球不會掉落,而呈現漂浮的現象。

實 驗 1 投籃機(白努力原理)

活 動 素 材

● 吹風機、7cm保利龍球、塑膠桶。

稻 草 人 小 叮 嚀

1.將吹風機調至冷風狀態,操作起來較為安全,並需注意馬達運轉是否過熱。

製 作 流 程

1 保利龍球放置吹風機上,吹風機開啟後,球體要保持漂浮狀態。

2 運送球體過程中不能掉落,直到抵達塑膠桶中。

稻草人動動腦

　　當風向計與風向垂直時，圓形紙盤受風力作用產生的力矩比其他地方大，於是風向計便以懸掛點為中心，順著紙盤力矩方向轉動，擺動一段時間後，方向會變得與風向平行，這是因為風向計左右兩側受到的風力相同時風向計會逐漸達到平衡而停止轉動了。

實驗 2　風向計（力的平衡）

活動素材

- 保特瓶1個、吸管1支、蛋糕紙盤2個、毛線、剪刀、泡棉膠、膠帶、晶晶膠帶。

稻草人小叮嚀

1.毛線需綁在風向計的平衡點，測量風向才準確。

製作流程

1兩個紙盤以油性筆和晶晶膠帶裝飾（一為風向盤、一為圓錐頭）。

2其中一紙盤剪開至圓心。

3 用膠帶黏成一個和保特瓶底部大小等寬的錐形

4 錐形用泡棉膠黏貼在瓶子底部

5 吸管剪成長度約20cm，用膠帶黏於瓶蓋處（吸管孔洞要保持暢通）。

6 吸管另一端剖開，長度約為紙盤的長度。

7 將紙盤夾入吸管中，用膠帶固定。

8 毛線綁在保特瓶中間，找出風向計的平衡點。

參考資料

1. 賴羿蓉等（2010）。科學百寶袋II。台北：麗文。

2. 賴羿蓉等（2007）。科學百寶袋。台北：群英。

3. 賴羿蓉、王為國（2005）。幼兒科學課程設計：多元智能與學習環取向。台北：高等教育文化事業有限公司。

後 記

　　小時候每次聽完「綠野仙蹤」的故事，總是幻想著突然來了一陣風，把自己載到想去的地方，還偷偷穿上媽媽的高跟鞋，在鞋跟處敲來敲去，希望跟奧茲大王許下的願望能美夢成真。這本書把大家耳熟能詳的故事「綠野仙蹤」，跟陶藝、體能、科學結合，組成了「陶」「樂」「思」。不僅圓了大人們的夢，更讓孩子們在有趣好玩的遊戲活動中，展開綠野仙蹤的一連串冒險，透過各種奇幻的想像，找到自己的夢想，實現自己的願望，讓家長在這段旅程中，陪著孩子尋找溫柔的心、勇氣與智慧。

　　在「桃裡陶器」這章節中，我們精心收集了李俊蘭老師在幼兒陶藝創作課程中最受孩子們歡迎的創作教學歷程，並將這些創作歷程分成五大類，充分展現陶藝創作的基本功夫，就算是完全沒有陶土捏塑經驗的家長，也可以陪伴孩子一步一步完成自己的創意想像。而且，為了配合綠野仙蹤的故事情節，我們在作品賞析的部分，更陪伴孩子們創作出故事中的場景道具，過程中您與孩子將可以發現，原來夢想可以這麼簡單，原來創意可以這麼有趣，讓孩子透過有趣的陶土捏塑，打造自己的夢想，表達自己的願望。

　　在「樂在其中」這章節中，我們很認真的思考如何在體能遊戲過程中，幫助孩子獲得足夠的感官刺激，用最簡單的活動設計與道具，讓孩子體驗前所未有的感官刺激。而書中的小小提醒，更是希望能幫助家長看懂孩子的需求，看到孩子身體感官的渴望，藉由不同的遊戲活動，您將可以更清楚看到孩子在

成長過程中所遇到的困難，更明白該如何幫助孩子成長，幫孩子能更加專注，情緒更加平穩，更加有自信，陪伴家長真真正正透過遊戲活動，教養出活潑懂事的好孩子。

在「絲如湧泉」這章節中，我們反覆思考著如何讓沒有科學背景的孩子和家長，願意喜歡科學、不畏懼科學，而孩子在學習的過程中，又能像稻草人無形中累積知識。所以在編輯時，運用很多隨手可得的資材，以大量的照片和淺顯的文字做說明，期待家長和孩子都能從動手做實驗中，享受親子共事的樂趣，也期待閱讀完這本書的每個人，都能像稻草人一樣，知識滿行囊。

如今，在大家的共同努力與一群孩子們的配合演出，綠野仙蹤的夢想終於成真，這個充滿想像與創意的童話故事真的變成了一本厚厚實實的教養書，心中的感動與感恩無可言喻。過程中，更是感謝「新手父母」編輯嬿馨的認真與執著，我們看到了新手父母對於書籍品質的要求與專業，也讓我們更戰戰兢兢的處理書本中的每個細部環節，也對這本書有了最高的期待與盼望。相信有緣翻開這本書的您一定能感受到這股熱情、專業、與執著，您將發現綠野仙蹤原來不僅是一連串的想像與冒險，還有著更多的教養觀念隱藏其中，您一定也會和我們一樣，對這些創意發想的每個點子，無限讚嘆、無限喜愛、無限受用。

國家圖書館出版品預行編目資料

桃樂絲嬉遊記：用陶藝、遊戲和科學實驗陪孩子玩出大能力！/ 賴羿蓉等著. -- 初版.
-- 臺北市：新手父母,城邦文化出版：家庭傳媒城邦分公司發行, 2012.05
面；　公分. --(學習力系列；SG0017)
ISBN 978-986-6616-64-8(平裝)

1.親職教育 2.親子遊戲
528.2　　　　　　　　　　　　　　101007828

玩轉科普腦： 科學實驗x闖關遊戲x陶藝創作，探索體驗28招，培養STEAM未來力

總 策 劃／賴羿蓉
合　　 著／賴羿蓉、李俊蘭、黃柏瑜、鄭佳珍
選　　 書／林小鈴
企畫責編／蔡意琪

行銷經理／王維君
業務經理／羅越華
總 編 輯／林小鈴
發 行 人／何飛鵬
出　　 版／新手父母出版
　　　　　台北市中山區民生東路二段 141 號 8 樓
　　　　　電話：(02) 2500-7008　　傳真：(02) 2502-7676
　　　　　E-mail：bwp.service@cite.com.tw
發　　 行／英屬蓋曼群島商家庭傳媒股份有限公司城邦分公司
　　　　　台北市中山區民生東路二段 141 號 4 樓
　　　　　讀者服務專線：(02)2500-7718；(02)2500-7719
　　　　　24 小時傳真服務：(02)2500-1990；(02)2500-1991
　　　　　讀者服務信箱：E-mail：service@readingclub.com.tw
　　　　　劃撥帳號：19863813　　戶名：書虫股份有限公司

香港發行所／城邦（香港）出版集團有限公司
　　　　　香港灣仔駱克道 193 號 東超商業中心 1 樓
　　　　　電話：(852) 2508-6231　　傳真：(852) 2578-9337
　　　　　E-mail：hkcite@biznetvigator.com
馬新發行所／城邦（馬新）出版集團 Cite(M) Sdn. Bhd. (458372 U)
　　　　　11, Jalan 30D/146, Desa Tasik, Sungai Besi,
　　　　　57000 Kuala Lumpur, Malaysia.
　　　　　電話：(603) 90563833　　傳真：(603) 90562833

內頁設計、排版／劉鵑菁
封面設計／劉麗雪
照片提供／嘉義市日月星幼兒園
製版印刷／卡樂彩色製版印刷有限公司

2012 年 07 月 12 日初版　　　Printed in Taiwan
2021 年 03 月 18 日修訂版
定價／360 元

城邦讀書花園
www.cite.com.tw

新手父母出版　讀者回函卡

新手父母出版，以專業的出版選題，提供新手父母各種正確和完善的教養新知。為了提昇服務品質及更瞭解您的需要，請您詳細填寫本卡各欄寄回（免付郵資），我們將不定期寄上城邦出版集團最新的出版資訊，並可參加本公司舉辦的親子座談、演講及讀書會等各類活動。

1. 您購買的書名：＿＿＿＿＿＿＿＿＿＿＿＿＿＿＿＿＿＿＿
2. 您的基本資料：
   姓名：＿＿＿＿＿＿＿＿＿＿＿＿＿＿（□小姐 □先生）生日：民國＿＿年＿＿月＿＿日
   郵件地址：＿＿＿＿＿＿＿＿＿＿＿＿＿＿＿＿＿＿＿＿＿＿＿＿＿
   聯絡電話：＿＿＿＿＿＿＿＿＿＿＿＿＿＿＿＿＿＿＿＿＿＿＿＿＿
   E-mail：＿＿＿＿＿＿＿＿＿＿＿＿＿　□有小孩＿＿＿個（＿＿＿歲）□尚無小孩
3. 您從何處購買本書：＿＿＿＿＿＿＿縣市＿＿＿＿＿＿＿書店
   □書展　□郵　□其他＿＿＿＿＿＿＿＿＿＿＿＿＿＿
4. 您的教育程度：
   1.□碩士及以上　2.□大專　3.□高中　4.□國中及以下
5. 您的職業：
   1.□學生　2.□軍警　3.□公教　4.□資訊業　5.□金融業　6.□大眾傳播　7.□服務業
   8.□自由業　9.□銷售業　10.□製造業　11.□食品相關行業　12.□其他＿＿＿＿＿＿＿
6. 您習慣以何種方式購書：
   1.□書店　2.□網路書店　3.□書展　4.□量販店　5.□劃撥　6.□其他＿＿＿＿＿＿＿
7. 您從何處得知本書出版：
   1.□書店　2.□網路書店　3.□報紙　4.□雜誌　5.□廣播　6.□朋友推薦
   7.□其他＿＿＿＿＿＿＿
8. 您對本書的評價（請填代號 1非常滿意 2滿意 3尚可 4再改進）
   書名＿＿＿＿　內容＿＿＿＿　面設計＿＿＿＿＿　版面編排＿＿＿＿＿　具實用＿＿＿＿＿
9. 您希望知道哪些類型的新書出版訊息：
   1.□懷孕專書　　　2.□0~6 歲教育專書　　3.□0~6 歲養育專書
   4.□知識性童書　　5.□兒童英語學習　　　6.□故事性童書
   7.□親子遊戲學習　8.□其他
10. 您通常多久購買一次親子教養書籍：
    1.□一個月　2.□二個月　3.□半年　4.□不定期
11. 您已買了新手父母其他書籍：
    ＿＿＿
    ＿＿＿＿＿＿＿＿＿＿＿＿＿＿＿＿＿＿＿＿＿＿＿＿＿＿＿＿＿＿＿＿＿＿＿＿＿＿12.
您對我們的建議：
＿＿
＿＿
＿＿